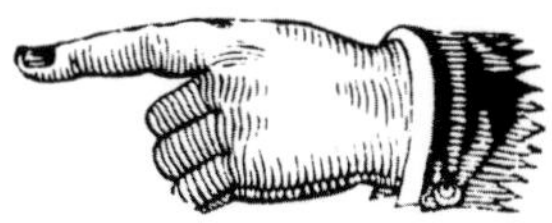

COSACNAIFY

Ao Fabio, ao Ben e ao Fernando

ABERTURA

FERNANDA YOUNG

INTRODUÇÃO

CHARLES COSAC

COMENTÁRIOS

ALVARO MACHADO

ENSAIO FOTOGRÁFICO

BOB WOLFENSON

GRIFOS

CAMILA YAHN

NOTA EDITORIAL

Este livro foi concebido entre os anos de 2014 e 2015 por Alexandre Herchcovitch, com a Cosac Naify e Daniel Raad, responsável pela pesquisa de imagens. Essa é a estreia de Alexandre como editor.

A fim de criar um diálogo aberto, em vez de um texto único, Alexandre convidou doze amigos e profissionais a fazerem até cinco perguntas cada um. Essas perguntas e suas respectivas respostas compõem o texto diretor. Os convidados foram: Maurício Ianês, Luigi Torre, Eduardo Viveiros, Erika Palomino, Susana Barbosa, Jorge Wakabara, André do Val, Marcio Banfi, Charles Cosac, Daniel Raad, Paulo Borges e Japa Girl. A essas tantas vozes se juntaram comentários feitos por Alvaro Machado, especialmente para este livro. Todas as legendas e comentários textuais são de autoria do próprio Alexandre. Camila Yahn foi também convidada a realçar partes do volume que considerasse mais relevantes.

Por fim, contou-se com a honrosa participação de Fernanda Young, que escreveu um prefácio inédito.

Trata-se de um poeta, escrevi. E depois não consegui dizer mais nada. Para que se estender em uma afirmação como essa, que tanto significa, especialmente quando relativa a um poeta que não faz poemas. Poeta, adjetivo restrito a tão poucos – não será o bastante?

Nada mais estúpido do que pedir a um artista para explicar sua obra. Já vi Alexandre sendo perguntado, inúmeras vezes: "Sobre o que é a coleção?". E todas as vezes, vi um poeta tentando, talvez por educação, ser minimamente compreendido. Tímido e belo na timidez, eventualmente beirando o antipático. A pergunta infame poderia ser evitada, ou ele deveria responder, apenas: "É poesia".

Há inúmeros estilistas talentosos, como há fotógrafos, modelos, costureiras, cenógrafos, escritores, engenheiros, cozinheiros, michês, sapateiros; muitos deles até geniais, mas genialidade nem sempre é poesia. Quase nunca, até diria. Para ser um poeta, ter inspiração não é suficiente, nem mesmo boas ideias; não se pode seguir tendências. Não se decide tornar-se poeta; não se trata, realmente, de uma escolha. Também não é um dom, simplesmente. É uma condição com a qual se nasce. E, assim como para um médium ou um daltônico, pode ser um peso na vida. Mas não é o caso do Alê, como o chamamos na intimidade. Ele é leve, engraçado, debochado e, mesmo sem perder nada de sua genuína sofisticação, permite-se até ser ridículo.

Certa feita, estávamos no campo, onde temos casas próximas, e ele disse, pensativo, realmente esperançoso: "Queria ser garçom". Hã? Gargalhei, crendo ser uma piada. E Fábio, marido dele, revelou: "Ele está falando sério". Desde então, eu, mesmo rindo da empáfia ou maluquice de seus planos, levo em consideração tudo o que ele diz que será ou fará, por mais estranho que pareça. Tornou-se ator, e bom. Sem nenhum constrangimento, envia seus trabalhos em busca de mais oportunidades para atuar. Tem dito que é chefe de cozinha e quer competir num reality show de culinária. Está produzindo um programa de televisão, no qual realizará os sonhos de pessoas que querem roupas para ocasiões especiais, como debutantes, noivas, formandos – enquanto ele me conta como será, eu me delicio. É uma ideia generosa, com certeza terá a sua elegância e bom gosto, mas não deixo de me lembrar de Silvio Santos no lendário *Porta da Esperança.*

Falando bobagens, já bolamos longos tratados e longas-metragens. Durante um tempo, por iniciativa dele, tivemos o hábito de gravar tombos simulados. Alê já foi fotógrafo e trabalhou no *Jornal da Tarde* dos dezesseis aos dezoito anos.

* P. 8 e 9 - Desfile Verão 2007/08.
* P. 10 - Bastidores desfile Inverno 2011.

Mas deixou-me uma mensagem de voz, recentemente, afirmando: "Minha última grande vontade é ser dona de casa. Ter essa experiência de ficar em casa, cuidando das coisas, penteando franja de tapete, trocando fralda de criança".

O que eu ainda não disse para ele é que ele já é dona de casa, e das boas. Só que, assim como muitas mulheres, e neste grupo me incluo, não deixa de trabalhar fora. E o Alexandre trabalha muito. Disciplinado, sabe lidar com o tempo de forma precisa. Consegue ser rápido e minucioso. Possui um senso de peso e medida anárquico, por vezes trágico, típico de um poeta angustiado. Mas não é o caso, como afirmei.

Ao ver o trabalho dele na passarela, e mais ainda nas fotos de suas coleções, encontra-se uma tristeza que ora nos é exposta com uma assepsia quase oriental, ora com um lamento de cortesã tísica; mas ele mesmo é de uma alegre leveza. Mesmo dado a oscilações de humor (lógico, visto que é canceriano, e por isso também capaz de ser um pouco chantagista), está distante de ser um artista com a alma em desalinho. É um excêntrico de hábitos prosaicos. Gosta de comer e fica realmente aborrecido se desmarco um encontro em um restaurante, pois, como me explicou, almoçar fora é uma coisa de que a família Herchcovitch sempre fez questão, como se fosse um bônus trabalhista. É uma família judia, de pessoas trabalhadoras e afetuosas. Todas meio esquisitas, diga-se. Gente estranha que não se dá conta do fato.

Desde que nossa amizade se estreitou, Alê passou a tomar uma ou duas cervejas – não mais – comigo. Por não ter a tal alma angustiada de muitos poetas, consegue lidar com a realidade sem precisar manipulá-la com aditivos artificiais,

* Fernando Sabino, Jorge Amado, João Cabral de Melo Neto e Paulo Autran fotografados por Alexandre Herchcovitch exclusivamente para o *Jornal da Tarde* entre os anos de 1988 e 1989.
* P. 12 e 13 - Desfile Inverno 2010. | * P. 15 - Último look do desfile Verão 2010/11.

Desfile Verão 2008/09.

Desfile Inverno 2008.

apesar de se dar ao luxo de ingerir uma lata de leite condensado, caso deseje – não para suprir carências, nem para aumentar a serotonina, como ocorre com os melancólicos, como eu, mas porque ele gosta de se dar ao prazer. Um hedonista sereno, nada esnobe em seu cardápio de delícias e generoso o bastante para oferecer todas as suas descobertas aos amigos.

Este não é um prefácio típico, está claro. Talvez eu devesse falar sobre a alfaiataria perfeita do estilista Alexandre H. – ele é um exímio costureiro. Ou sobre sua formação acadêmica, suas influências, seu processo criativo; sobre essas duas décadas como um dos mais bem-sucedidos nomes da moda nacional. Sobre como é reconhecido internacionalmente, e está sempre estudando, e sobre o conhecimento técnico que tem, a pesquisa que faz de novos tecidos que lhe permitem criar roupas que são verdadeiras esculturas. Provavelmente, eu deveria citar alguma máxima filosófica sobre o homem e suas vestimentas, mas não. Não há necessidade de dizer o que já se sabe, ainda mais porque eu não seria a pessoa certa para isso. Não sou uma especialista em moda, embora me ocupe em colecionar belas peças, quando posso. Tenho inúmeras de Alexandre H.. Diversos vestidos de desfile que não cabem em mim, mas não me aborreço, são obras de arte.

Diante da mesa em que escrevo, agora, este prefácio errado em sua trama e função, há pendurada na parede uma dessas peças. Poesia perfeita como num perfeito soneto inglês, acredito. Vejo versos decassílabos estruturados em tecido.

Trata-se de um poeta, é isso.

FERNANDA YOUNG

* P. 19 - Desfile Inverno 2007.

Desfile Inverno 2010.

Desfile Verão 2008/09.

"**Quando** comecei a dar entrevistas, entre o desfile de formatura e meu primeiro desfile profissional, achei estranho os jornalistas perguntarem muito mais sobre mim do que sobre o meu trabalho...", diz Alexandre em um de seus tantos depoimentos.

Não sei dizer se essa é uma experiência exclusiva de Alexandre ou se, de fato, "é assim mesmo que ocorre". Mas posso especular que nesse fenômeno está a chave que o leva a ocupar os mais diversos espaços artísticos e culturais dos quatro cantos do mundo, destacando-se sempre.

Saber que habitam em Alexandre todos os segredos de seu sucesso nos faz acreditar que, através do artista, conheceríamos a gênese de suas criações, suas diversidades e a cadência de seu raciocínio. Porém, ao entrarmos em contato com sua obra geral, fica a sensação de que, sozinho, não teria feito tudo o que fez, mas fez. Sempre foi assim, desde o polêmico e amador desfile de formatura até hoje, vinte anos depois. Assina diversas coleções anuais e desenvolve projetos paralelos, quase sempre como diretor de arte e de criação.

Nesses vinte anos, os recursos aumentaram, mas não fizeram diminuir seu desejo de criar mais. Não se sabe se o calendário de moda é a agenda dele ou se é um pretexto para que exerça suas atividades. Para a colação de grau na Faculdade Santa Marcelina, onde se formou como bacharel em moda, era necessária a apresentação de três looks. Alexandre desfilou dezessete. Somente um homem generoso e pleno teria condições de se engendrar em tantas atividades e de se destacar igualmente em todas elas.

Precocemente, aos dez anos, Alexandre passou a conviver com o universo do fazer têxtil, pois sua mãe, Regina Herchcovitch, mantinha em casa uma pequena confecção de lingerie. A produção em série é certamente um dos pilares na estrutura criada por Herchcovitch. Ainda adolescente, produzia mochilas que eram vendidas na loja Germon's do Shopping Iguatemi. O estoque era reposto mensalmente. Nascia aqui, também, o Alexandre empresário.

Frequentador das casas noturnas de São Paulo na década de 1990, época em que foi sacralizada sua icônica caveira, iniciou sua carreira produzindo roupas também para drag queens. Uma década e meia depois, ele assinou todos os uniformes do McDonald's – do chapeiro ao do gerente, incluindo os modelos para grávidas. Do micro ao macro, Alexandre tem um domínio de criação e produção sem paralelos na curta história da moda no Brasil.

* P. 22 - Desfile Verão 2008/09.

Em um outro extremo, aos dezesseis anos, Alexandre criou para sua mãe um vestido de organza sem mangas, de corpo cilíndrico trapezoide, cuja bainha era preenchida por bolas de pingue-pongue. Mais adiante, refaria o modelo com correntes na barra, alterando o caimento do tecido. Durante toda a sua carreira, como nessa experiência independente, Alexandre teve ideias únicas que geraram obras de um preciosismo sem precedentes. Em 1996, por exemplo, a Galeria Thomas Cohn, em São Paulo, abriu uma exposição solo com o artista. Embora não tenha mergulhado exatamente no universo das artes visuais, em muitas instâncias Alexandre também atua como artista, tendo criações suas exibidas, com frequência, em exposições de arte e moda em galerias e museus, tanto no Brasil como no exterior.

Alexandre não abre exceções, mas tem flexibilidade. Como em 2003, quando assinou os uniformes da delegação brasileira para os Jogos Pan-Americanos de Santo Domingo, na República Dominicana, e, em 2004, para os Jogos Olímpicos de Atenas. Também projetou figurinos para a cineasta Monique Gardenberg, a coreógrafa Deborah Colker, o dramaturgo e diretor José Celso Martinez Corrêa, a performer Denise Stoklos e para a cantora islandesa Björk.

Há também o Alexandre *metteur en scène*, que desde seu primeiro desfile dirige modelos, cria *décors* e faz trilhas sonoras. A teatralidade de seus desfiles-performances, uma de suas tônicas, embevece e surpreende o público. Drag queens, transexuais, mulheres com mais de dois metros de altura, outra com cabelo de um metro e meio de comprimento, um homem desfilando com uma cobra, meninas desfilando roupas de meninos contracenam com modelos comuns e com sua eterna musa, a belíssima Geanine Marques. Desde 2006, o *metteur en scène* também ministra aulas e faz palestras e workshops em todo o mundo.

Além das parcerias artísticas, ultrapassando as barreiras do corpo, a obra de Alexandre também está presente em curativos, telefones celulares, isqueiros, óculos, calçados, bolsas, louças, móveis, tapetes, enxovais de cama e mesa e livros (como este, editado junto comigo).

Foi nesse universo rico e pluralista, obra dele próprio, que Alexandre Herchcovitch criou as bases para apresentar anualmente, desde 1994, diversas coleções aqui e, desde 1998, no exterior.

* P. 25 - Desfile Inverno 2007.

"É lugar-comum dizer que a roupa é um modo de se expressar, um suposto código de comunicação. Em vez de figuras, comprimentos e cores, [...] estou muito mais preocupado em estabelecer um diálogo entre o meu universo e o de meus clientes", diz Alexandre.

Se nos expressamos ao usar uma criação de Alexandre Herchcovitch, em verdade, estamos, em um primeiro plano, a expressá-lo e, em um segundo, a expressar-nos através de sua expressão. Seria naturalmente esse o diálogo entre o universo de Alexandre e o de seus clientes. Seja na produção unitária, em série ou em massa, é impossível não avaliar os tantos corpos que habitam sua pele.

Já a pele de Alexandre, de tez clara e bela, veio também habitar peles congênitas. Casado com Fábio, pai de Fernando e de Ben, Alexandre concilia sua intensa vida profissional com uma vida familiar ainda mais intensa. Seria este mais um dos tantos segredos de sua pele?

(E, enquanto escrevo, olho-me e vejo que Alexandre Herchcovitch é também a pele que habito.)

CHARLES COSAC

* P. 27 - Look de abertura do desfile Verão 2009/10.

1

1

* P. 28 e 29 - Imagem para campanha Verão 2007/08
* P. 30 e 31 - Desfile Verão 2005/06. | * P. 32 e 33 - Desfile Verão 2006/07.
* P. 34 e 35 - Desfile Verão 2000/01. | * P. 36 e 37 - Desfile Inverno 2014.

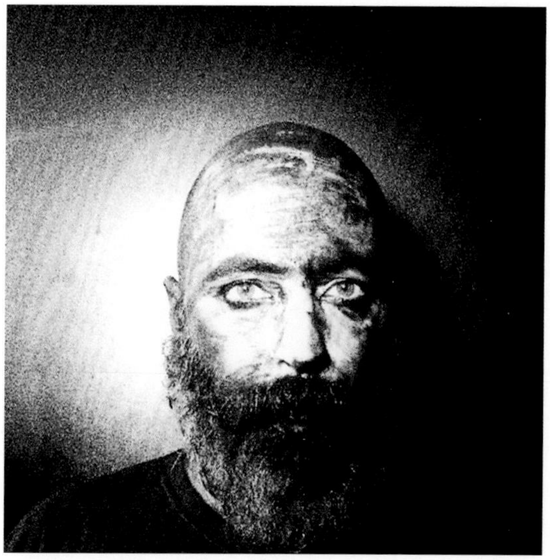

Maurício Ianês

MAURÍCIO IANÊS

1:1

ALEXANDRE HERCHCOVITCH

M.I. **MUITO** CEDO, DESDE CRIANÇA, VOCÊ COMEÇOU A CRIAR ROUPAS PARA SUA MÃE, PARA OS SEUS AMIGOS E PARA VOCÊ MESMO. QUAIS AS LEMBRANÇAS QUE VOCÊ GUARDA DESSA ÉPOCA: COMO CRIAVA, QUAIS AS DIFICULDADES ETC.? E EXISTE AINDA ALGUMA CONEXÃO DO SEU PROCESSO CRIATIVO ATUAL COM AQUELE DA SUA ADOLESCÊNCIA?

A.H. **DESDE** sempre, guardo as melhores lembranças. Acompanhei minha mãe em todas as suas idas ao Bom Retiro atrás de rendas, aviamentos de lingerie como elásticos, reguladores de alça de sutiã, fechos, linhas, forros, tecidos elásticos… Lembro-me muito bem de uma fábrica em especial, chamada Rendastil, um longo corredor que antecedia um galpão com estantes largas para abrigar rolos de tecidos dos dois lados, diversos sacos com rendas misturadas no chão, uma balança (já que a compra era a quilo) e um rabino que realizava a venda. Era um grande garimpo: minha mãe e eu sentávamos no chão e, incansáveis, abríamos saco por saco atrás de algum achado. Essas rendas que ficavam em sacos eram rendas estreitas, de dois centímetros a uns vinte centímetros, que serviam para fazer a base do sutiã e as laterais de uma calcinha desenhada por ela. Já nas estantes ficavam as rendas com largura maior, de cerca de um metro e meio, chamadas rendas laise. Tinham cores vibrantes como azul-turquesa, amarelo-gema e vermelho. Utilizei algumas delas para fazer as primeiras roupas para Marcia Pantera. Íamos também a uma loja chamada Padronagem Castelinho ou só Padronagem. Lá éramos atendidos pelo Nicola, um gerente atencioso, bem-humorado e que nos dava bons descontos, já que íamos à loja diariamente. Entre essas compras para a confecção de minha mãe, eu escolhia cortes de tecidos e pedia que ela comprasse para mim, mesmo sem saber ao certo o que faria com eles. Foi nessa época que comecei uma pequena coleção de tecidos. O que me interessava eram os retalhos com pequenos defeitos e que estavam disponíveis em pouca quantidade. Uma grande loja que também frequentávamos sempre às tardes era o Center Fabril, uma loja imensa que vendia tecidos planos em geral e para diversos fins. E lá também incluía entre as compras de minha mãe os retalhos para minha coleção.

Tenho muitas saudades daquela época. Na sala da casa que morávamos, entre uma estante de madeira e a janela, ficavam duas máquinas de costura industriais, uma overloque e uma reta (a primeira que meu pai me deu), e uma estante de ferro cinza onde empilhava os cortes de tecidos e aviamentos. Costurava todos os dias, nem que fosse um teste de costura ou uma camiseta. Desde o momento em que minha mãe me ensinou a modelar calças, passei a fazer uma por dia. A primeira, e que mais me marcou, foi uma feita com tecido para fraldas, uma tela de algodão rala com estampa

* P. 43 - Desfile Inverno 2007.

A.H. **Vestido** sob medida que fiz para Japa Girl. Ela me pediu uma reinterpretação da personagem Mortícia Adams (assunto fácil para mim). Feito em helanca com mangas em gaze de algodão, zíperes e correntes no busto, gola em sarja de algodão. Quem veste aqui é Thairine Garcia. Vestido acervo Japa Girl.

death

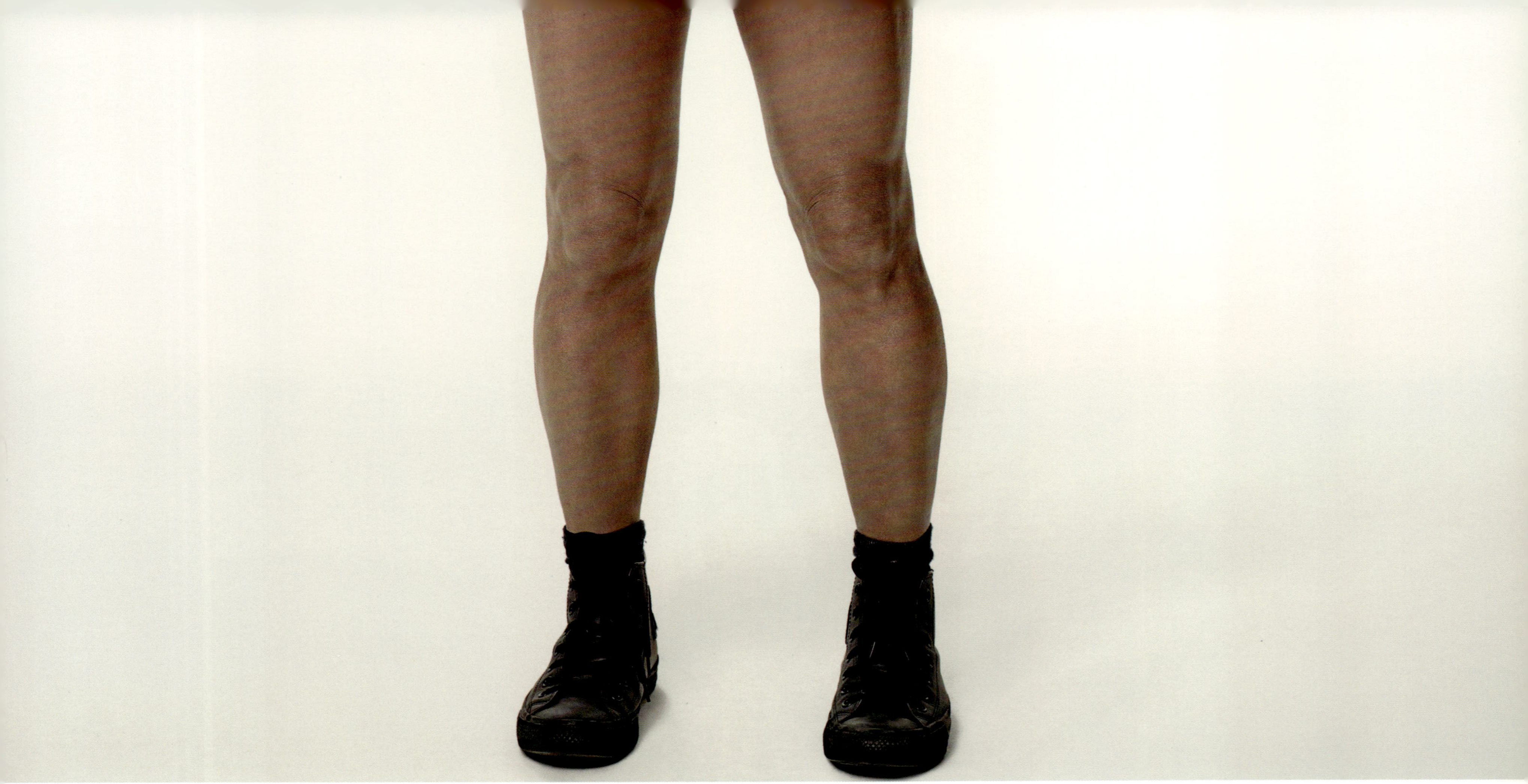

A.H. **Conheci** Celso Kamura em 1995 quando o convidei para assinar a beleza do desfile de Verão 1996/97, mesmo ano em que criei esta peça em tricô jacquard com a caveira. Com costas de gabardine de lã stretch e acabamento no decote em tule com elastano, esta peça é uma das mais lembradas até hoje. Peça de meu acervo.

A.H. **Blusões** em helanca jacquard da coleção Inverno 1996 desfilada na FAAP. Mariane Taminato usa saia-calça em denim manchado com água sanitária do desfile Verão 1996/97 e Futoshi Nakayama usa calça em denim coberta de tachas piramidais com zíper no entrepernas da coleção Verão 1998/99. Blusões e calça com tachas de meu acervo, boné acervo Futoshi e saia-calça acervo Marina Dias.

de cachorrinhos em fundo branco. Como o tecido era transparente, fiz a calça com duas camadas. O cós era de elástico com uns quatro centímetros e tinha um zíper na região pélvica na horizontal, o comprimento ia até a metade do cano de um coturno da marca Escola de Divinos que eu não tirava do pé. De uma maneira geral, as ideias surgiam logo que posicionava o tecido no chão para o corte – a nossa mesa de jantar era oval, o que atrapalhava o trabalho, por isso fui para o chão, que era acarpetado. De certa maneira, o carpete ajudou a precisão do corte, pois provocava atrito com os tecidos e, como não era exímio cortador, esse detalhe estava a meu favor. Mas um dia a tesoura ultrapassou o tecido e cortou o carpete. Fui perdoado. Após cortar a peça, levava à máquina e lá o restante das ideias eram postas em prática, sem planejamento.

O mais interessante era terminar a criação na máquina e não ir com tudo planejado no momento da costura, deixar ao acaso alguns detalhes finais. Tento manter essa maneira de criar até hoje. Costuro pouco, mas faço algumas peças de teste antes de produzir a coleção toda e termino definitivamente na prova de roupa, no corpo da modelo.

A.M. ***A CAPA** Negra do Mágico. "De repente eu o vi no chão juntando retalhos de tecido e pedindo para eu ensinar a costurá-los." Regina Herchcovitch fazia, às vezes, roupas para si mesma, mas não imaginava que o filho, ainda no ensino fundamental, estivesse tão atento a essa atividade. Alexandre costuma creditar a mãe como sua maior influência. Por seu lado, ela observa: "Não me lembro dele interessado em outra coisa que não fossem roupas, revistas e itens de moda, em qualquer idade".*

Aos dez anos, Alexandre já avançava palpites – nas roupas, na cor dos cabelos e na maquiagem da mãe – que incorporavam as ousadias da década de 1980. "Além disso, desde sempre ele disse sim ou não para o que vestiria, sua aparência era a que ele escolhia", lembra Regina.

Com onze anos, Alexandre pediu que a mãe o acompanhasse a uma compra de tecidos para as fantasias de Carnaval dele e do irmão, Artur. Esboçou alguns desenhos e deu ordens para a elaboração: "Corta aqui! Costura ali!", recorda Regina. Saíram então, da máquina, duas capas de mágico pretas, com cartas de baralho grampeadas no tecido.

M.I. **Dos** ANOS 90 (QUANDO VOCÊ COMEÇOU A EXERCER O TRABALHO DE ESTILISTA PROFISSIONALMENTE) PARA CÁ, A MODA MUDOU MUITO EM TODO O MUNDO. COMO VOCÊ VÊ ESSA MUDANÇA? E QUAIS SERIAM OS MOTIVOS SOCIAIS E ECONÔMICOS

* P. 51 - Desfile masculino Verão 2004/05.

Moedas criadas em comemoração aos dez anos da marca. Desfile Inverno 2004 inspirado no universo da personagem Zé do Caixão.

Desfile Inverno 2005.

RESPONSÁVEIS POR ELA? VOCÊ ACHA QUE PODERÁ HAVER UMA VOLTA A UMA ESTÉTICA MAIS RADICAL OU ALTERNATIVA, SEJA NA MODA MUNDIAL, SEJA NO SEU TRABALHO?

A.H. **SEMPRE** há espaço para todo tipo de criação. Duas correntes opostas imperam: os que querem se diferenciar através das roupas e os que não querem. O espaço para a estética mais radical está sendo retomado após anos de mesmice, que foi ditada pelo consumidor que não quer nem de longe parecer fantasiado. As criações mais radicais hoje são vestidas ao mesmo tempo que as menos radicais, mais básicas e sem tanta carga alternativa. Um equilíbrio saudável surgiu. A moda é um assunto para todos, altamente difundido, causa nas pessoas vontade de tentar, convida a pensar em se vestir, e com isso invadiu todos os lares, mentes e bolsos. Assim a oferta aumentou, hoje existe todo tipo de moda para quem quiser usar. A difusão dos vários estilos fez com que, de alguma maneira, todos possam se encontrar sem se forçar a usar algo que não condiz com sua realidade ou personalidade. A estética radical, alternativa, e a ausência dela convivem bem.

M.I. **VOCÊ** BUSCAVA REFERÊNCIAS PARA SEU TRABALHO EM MODOS DE VIDA ALTERNATIVOS, NA CULTURA PUNK, GÓTICA, RAVER, TRANSGÊNERO, NOS MORADORES DE RUA, NO MODO DE SE VESTIR DOS IDOSOS E DOS JUDEUS ORTODOXOS. HOJE EM DIA, SEU TRABALHO, AINDA QUE MANTENHA UMA PESQUISA DE MODELAGENS ALTERNATIVAS, MUDOU MUITO, SOFISTICOU-SE E TORNOU-SE MAIS CLÁSSICO. NO ENTANTO, GOSTARIA DE SABER O QUE AINDA PERMANECE DAQUELAS CULTURAS QUE TE INFLUENCIARAM, JÁ QUE, NA ÉPOCA, VOCÊ FAZIA PARTE DELAS.

A.H. **ESSAS** referências vêm e vão. Novas e inéditas chegam para mim diariamente. Algumas delas se banalizaram, são altamente usadas sem nenhuma interpretação. Todas elas têm a moda como expressão importante e isso me faz pensar como poderia fazer diferente, como faria se fizesse parte de tal movimento. Desse exercício surgem ideias novas. É fascinante observar como todos pensamos sobre moda ou até mesmo em como nos cobrir, nos abrigar do frio ou do calor, como revelar com precisão partes do corpo e esconder sagazmente outras.

Até mesmo os que dizem não ligar para moda e roupa têm a obrigação de pensar em tal assunto logo que acordam, ao decidir o que vestir.

* P. 55 - Desfile Verão 2007/08.

A.H. **Pedro** Porciuncla, amigo que corta meu cabelo há mais de dez anos, gosta muito desta estampa chamada Gilete. Ela foi criada para a coleção feminina de Verão 2007/08, mas, a pedido do departamento comercial na época, incluí itens com esta estampa na coleção masculina. Foi inspirada nos grafismos Ndebele, tema desta coleção. Camiseta, calça e bota acervo do Pedro. Camiseta bordada com miçangas de meu acervo.

A.H. **Edina** Saueressig, modelo de prova da marca Herchcovitch;Alexandre há quatro anos, veste blusão do meu acervo com estampa de tapeçaria da coleção masculina Verão 2008/09 inteiramente bordado com miçangas.

O que permanece é a ideia de usar o corpo como outdoor ou cabide, mesmo que sem intenção, e revelar através de detalhes quem somos. A roupa fala, a roupa grita.

Um dia saiu de minha boca a frase: "O punk hoje é ser clássico". Acredito nessa sentença, que se aplica a mim e à minha grande amiga Fernanda Young, que me inspirou a dizer isso.

A inversão dos valores me interessa. É o que fica.

M.I. **Desde o início você se interessou muito por pesquisar a modelagem e os acabamentos das roupas. Tanto no início como agora, você procura modos alternativos de desenvolvimento das peças, mesmo que hoje suas modelagens e acabamentos estejam bastante sofisticados. O que te levou e te leva a se interessar tanto por esses aspectos da criação de roupas?**

A.H. **Interesso-me** por tudo que me ajude a me expressar. Em primeiro lugar, sempre vem a construção, que é composta por adequação do tecido ao desenho, modelagem, corte e acabamentos, depois disso a escolha das cores e por último uma estampa, se houver necessidade. O desenho é apenas uma maneira de registrar uma ideia e, para mim, não é o principal aspecto de uma criação. Justamente por isso não superdesenvolvi meu desenho artístico, e sim o técnico. Ele é essencial, com muitas indicações externas e internas de como executar tal criação, a ponto de a modelista não ter nenhuma dúvida. Desafio os tecidos desde sempre, muitas vezes ignoro o fio do tecido e confio no caimento que isso terá, outras vezes mudo o fio do tecido na hora do corte justamente para obter um novo caimento. Outra vontade quase automática quando penso numa roupa é não usar o tecido esperado, muitas vezes fiz roupas para festas ou até noivas com tecidos usados para roupas casuais, e o contrário também, tecidos nobres para peças propostas para usar durante o dia. Nem sempre essas inversões foram bem entendidas pelo meu público, que não espera pagar por uma simples camiseta o preço de um casaco, mas é como disse acima: há espaço para todo tipo de criação e há consumidor para tudo. Continuo explorando esses aspectos que descrevi, esqueço das regras, esqueço para qual fim um tecido foi feito, finjo não entender de modelagem, corte e costura e assim consigo novos resultados.

* P. 61 - Desfile Verão 2002/03.

Desfile Inverno 2001.

A.M. **Em 1993**, *Alexandre passou a trabalhar com tecelagens que utilizavam fios Rhodia: "Quando a indústria têxtil apoia diretamente um criador, as tecelagens, malharias e confecções logo enxergam as possibilidades de um novo produto, numa cadeia de informação que multiplica exponencialmente a produção da matéria-prima. É um investimento sábio". Também do grupo Rhodia, o selo AMNI, que homologa novas fibras e tecidos, atuou como apoiador de coleções de Alexandre por quase uma década, em desfiles, catálogos e campanhas publicitárias. A convite de Paulo Borges, em 1995 Alexandre desenvolveu modelos para lançamentos como o da fibra acetinada Setila. Em 2013, o estilista e a Rhodia lançaram o denim Emana, produzido com fio de poliamida com cristais bioativos que promove a microcirculação celular e, portanto, a saúde da pele. Alexandre atesta cuidadosamente as propriedades de cada material escolhido para integrar as coleções: "O estilista não cria apenas roupas, mas também matérias-primas, desde a fiação e a tecelagem, e assim desenvolve não só as formas de roupas, mas a própria construção de tecidos".*

Também presente desde o desfile de formatura, a TDB Tecidos, de São Paulo, acumula tradição no desenvolvimento de tecidos para lingerie. "Cheguei a essa fábrica por meio da confecção de lingeries de minha mãe, e eles foram visionários ao me apoiar. No desfile de 1993 mudei a função dos tecidos TDB, que passaram de cintas a camisetas. As sobras foram usadas, ainda, no desfile seguinte, Inverno 1994. Sempre recorro a eles quando preciso de tecidos para cintas compressoras e moda praia", credita o estilista.

Costanza Pascolato, à frente da tecelagem Santa Costanza, que habitualmente vendia apenas grandes partidas, acreditou no estilista desde o começo, abrindo exceção ao fabricar para Alexandre pequenas quantidades de tecidos com estamparias especiais.

M.I. **Vida** pessoal × vida profissional: as mudanças na sua vida pessoal influenciam as suas opções profissionais? Por quê?

A.H. **Tento** fazer com que não influenciem e acredito conseguir não misturar esses dois mundos.

Gosto de minha profissão e não deixaria que nada atrapalhasse meu dia a dia profissional. Aprendi a separar tudo, ligar e desligar chaves em minha mente e me focar naquilo que preciso resolver naquele minuto. É possível que alguma vez minha vida pessoal tenha influenciado a profissional, mas não deixei transparecer. Meu trabalho não reflete minha vida pessoal.

* P. 65 - Desfile Inverno 2001.

Casaco em lã stretch da coleção Inverno 2001 inspirado no alfaiate americano Nudie Cohn.

Prova de roupa do desfile Verão 2014/15.

Eloy W.

LUIGI TORRE

1:1

ALEXANDRE HERCHCOVITCH

L.T. **De certo** modo, suas coleções Verão 2014/15 e Inverno 2015 falavam de realidade, de cotidiano e de praticidade. Porém, não podemos dizer que suas coleções sempre carregaram um pouco de realidade? Ao menos uma realidade não tão comum ou visível ao grande público?

A.H. **Essas** duas coleções, bem mais que outras anteriores, falam de realidade, a minha versão sobre assuntos comuns, como Marilyn Monroe e jardinagem respectivamente. Pensei a coleção Verão 2014/15 como se fosse um guarda-roupa de uma pessoa que não repete tecidos e no qual há uma grande variedade de peças e de possíveis combinações. Portanto, a impressão de senso de realidade está correta. Já na Inverno 2015, o universo da jardinagem, flores, roupas utilitárias deixaram tudo ainda mais pé no chão. Em ambos os desfiles, a beleza ajudou na criação desta percepção: mulheres reais vestindo roupas reais.

Mais um autoteste, mais um desafio. Desde a coleção Verão 2011/12 tento traduzir todos os valores nos quais acredito em roupas aparentemente mais reais. Minha busca vem sendo pelo melhor acabamento, modelagem e construção, e também conseguir que características antes muito aparentes agora sejam mais sutis. A transgressão ou o modo diferente de ver a mesma coisa, por exemplo, aparece por dentro da roupa. Estou na contramão da confecção atual, na qual industrializar ao máximo é a palavra-chave, já que muitos detalhes que crio são feitos à mão, as peças têm que ser cortadas uma a uma, ou seja, uma inversão total de valores e a busca pelo que realmente faz as pessoas valorizarem uma criação. Chamo tudo isso de tecnologia invisível, em que vestir a roupa no ato da compra é mandatório.

L.T. **Ao mesmo** tempo que a imagem é aparentemente simples, o real significado dela, bem como características essenciais ao seu estilo/universo, fica escondido nas entrelinhas. Você acha que isso é algo que vem acontecendo na moda como um todo ou é uma mudança de estilo particular, uma mudança sua? E por que aconteceu?

* P. 71 - Prova de roupa do desfile Verão 2014/15.

Prova de roupa do desfile Inverno 2015.

Prova de roupa do desfile Inverno 2015. Casaco em pelúcia estampada bordada.

Desfile Verão 2012/13.

Detalhes do desfile Verão 2012/13.

A.H. **Novamente**, é a busca por sutileza. Não acredito que se trate de uma mudança de estilo, mas de novas maneiras de fazer aquilo que acredito. Sempre acreditei num consumo mais pensado e menos impulsivo, penso minhas coleções e as peças em separado para que sejam usadas por um longo período. Porém muitas vezes a vontade de testar novos caminhos, misturar materiais, inovar em modelagem não permitia que parte da coleção fosse atemporal. Eram peças marcantes, muitas vezes com inusitados contrastes de cor, matéria e ocasião de uso, que se por um lado marcaram presença, por outro marcaram um tempo.

L.T. **O estilo** e o universo Alexandre Herchcovitch estão em cada peça, em cada decisão tomada e em cada ponto de costura. Como você definiria as mudanças nos seus interesses e na sua visão sobre a moda ao longo desses vinte anos?

A.H. **Consigo** dividir em fases. No início, a experimentação e minhas limitações como executor deram o tom de minhas criações juntamente com algumas poucas influências, como minha mãe, lingerie, Boy George, Eloy W., Maurício Ianês, Marcia Pantera, Johnny Luxo. Pense em tudo isso junto e aí está a primeira fase de minha carreira.

Logo senti a necessidade de aprimorar a execução, invadir e tirar o máximo proveito das técnicas de alfaiataria e fazer roupas mais sofisticadas, no meu entender. Aliado a isso, os temas improváveis foram respeitados já que respaldados por uma melhor confecção.

E após ter testado todo e qualquer tipo de método de costura, modelagem, corte e acabamentos, penso em voltar à primeira fase, desaprender tudo e recomeçar este grande laboratório de pesquisas que se tornou minha vida profissional. Fácil desaprender? Não! Muito difícil largar os vícios e a vontade de tentar fazer uma peça perfeita.

Enfim, moda é pura expressão, moda segue o tempo e as mudanças e é sensível a tudo a seu redor.

* P. 79 - Regina Herchcovitch.

HERCHCOVITCH;ALEXANDRE

A.H. **Johnny** Luxo foi uma das minhas primeiras fontes de inspiração, assim como Boy George, tema desta coleção. Vestido em canvas de seda e corações em cetim duchese de algodão da coleção Verão 2013/14. O chapéu foi exclusivamente feito por Stephen Jones para este desfile. Chapéu, lenço e vestido de meu acervo.

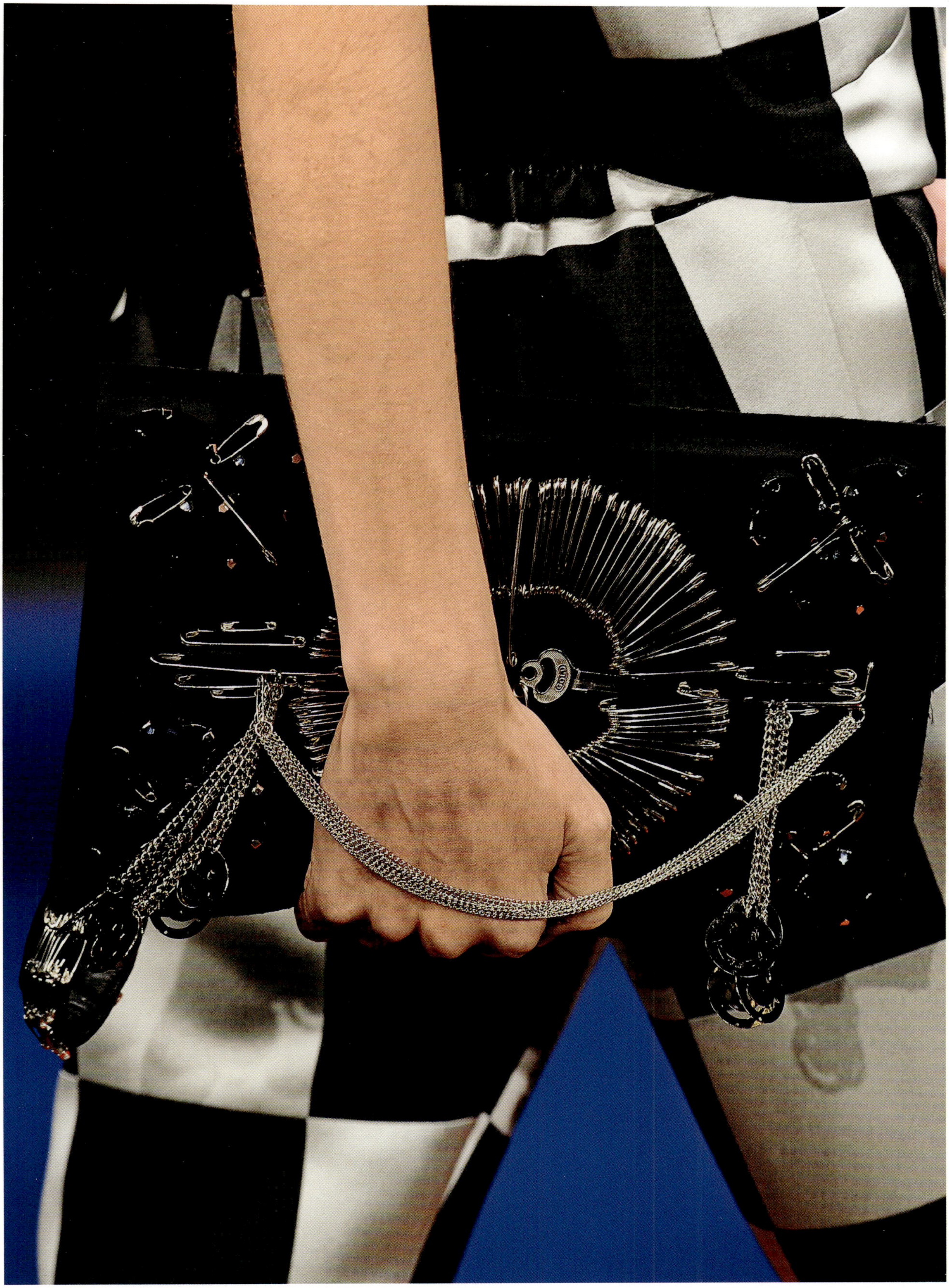

A.H. **Marcinha** da Corintho. Famosa por fazer os shows mais extravagantes da noite gay. Fiquei impressionado com sua beleza quando a conheci, no final dos anos de 1980. Aqui usa chapéu forrado em canvas de seda, feito por Stephen Jones para o desfile Verão 2013/14, acervo Marcio Banfi, lenço de seda com estampa Gilete da coleção Verão 2007/08, lenço em látex da coleção masculina Inverno 2004, lenços de meu acervo.

Desfile Verão 2012/13.
* P. 80 e 81 - Campanha da coleção Verão 2013/14.

Detalhe do desfile Verão 2013/14.

A.M. **Noite** *do verão de 1988 no clube Nostromondo. Alexandre não atingiu a maioridade e não poderia frequentar o clube, mas dá um jeito e assiste a números de dublagem da drag queen Marcia Pantera sobre a voz de sambistas. Impressionado com seu corpo forte, esguio e ágil, aborda a performer na calçada da boate e lhe propõe um novo look, mais agressivo e ao mesmo tempo sensual. Depois de algumas provas de roupa no ateliê do estilista, Pantera declara aos quatro ventos estar passada com o modelo imaginado, e para adaptar-se muda completamente seu repertório de playbacks. Emerge o visual S&M que tornaria Marcia famosa em clubes noturnos do Brasil inteiro, com botas de salto alto, corset com rabo de crinas, algemas, chicote etc.*

Pantera passa a ser fotografada por revistas de moda e comportamento e, em seu ateliê, Alexandre experimenta intensamente com a criação de peças que assumiriam status icônico, a pontuar toda a sua trajetória. Desde então, a drag acumulou mais de trezentas peças assinadas pelo estilista – "Tenho um guarda-roupa histórico", comemora –, num dos melhores exemplos do gosto do estilista pela variação sobre um tema-chave.

A maioria desses modelos simplesmente misturava coisas que Alexandre encontrava na prateleira de trabalho da mãe, materiais usados na confecção de lingeries: recortes de lycra, alças de sutiã, fechos de metal, elásticos e rendas (para uso justo ao corpo), além de correntes e couros: "A influência de Regina é nítida em tudo o que faço até hoje". O que explica, por exemplo, os macacões colantes de Pantera nos anos 1990, diretamente adaptados do guarda--roupa da sra. Herchcovitch nos 1980.

Cinco anos antes de frequentar as pistas dos clubes Nation, Massivo e Sra. Krawitz, uma influência significativa configurou-se nos breves quatro minutos do videoclipe Karma Chameleon, *do britânico Boy George e seu grupo Culture Club, exibido num domingo à noite, no* Fantástico.

Na letra da balada, o camaleão George declarava-se "homem sem convicção, que não sabe como vender uma contradição". Adotava o mesmo visual no cotidiano e dizia não pretender tornar-se mulher, mas apenas "ficar mais bonito" com algumas peças femininas, maquiagem e tranças.

* P. 91 - Desfile Inverno 2010.

A.H. **Caroline** Ribeiro veste capa da coleção masculina de Inverno 2010, com tema inspirado no filme *O sétimo selo* de Ingmar Bergman, de 1957, feita em lã quadriculada forrada de lã xadrez. Sapato coleção feminina Inverno 2009. Casaco e sapatos de meu acervo.

Detalhes do desfile masculino Verão 2005/06 inspirado no Dia dos Mortos do México.

Vestido em látex da coleção Inverno 2004
exposto no The Costume Institute no MET
em Nova York.

EDUARDO VIVEIROS

1:1

ALEXANDRE HERCHCOVITCH

E.V. **Alguém já disse que o artista começa a morrer quando começa a produzir. Você adiantou esse processo ao datar seu atestado de óbito para 1998. Se o começo foi a sua morte, a aposentadoria será seu nascimento? Você aguentaria largar a marca e parar de criar?**

A.H. **Uma das** coisas que mais gostei de fazer foi esta foto que você citou, já que estar dentro de um caixão é algo incomum e acontece uma vez só na vida de alguém. Quis sentir o que era isso. Foi para um perfil na revista *Vogue*, eles precisavam de um retrato meu inédito e essa foi a ideia. Fomos a um local da prefeitura onde havia caixões para indigentes, feitos de madeira de pínus; compramos flores, o cabelo foi penteado de lado com gel, uma maquiagem me deixou corado, me vesti com terno e gravata e, por fim, um chumaço de algodão em cada narina. Rimos muito.

Aguentaria largar, pois minhas ideias podem ser aplicadas a outras marcas. Não trabalhar mais na empresa que leva meu nome não significaria parar de criar, meu cérebro nunca esteve à venda, somente a marca. Voltando às ideias que podem ser aplicadas a qualquer marca, Ellus, Zoomp, Cori e Rosa Chá sempre me deixaram livre para criar, e o que eu não conseguia aplicar na marca Herchcovitch; Alexandre, aplicava nelas.

A.M. **Meses** *depois do impactante desfile de formatura, Alexandre foi chamado para desenhar coleções para Ellus, "uma marca visionária, que sempre convida jovens estilistas para participar de sua equipe de estilo". A parceria frutificou por três coleções com a dupla assinatura Ellus por Alexandre Herchcovitch – Verão 1994/95, Inverno 1995 e Verão 1995/96 –, série que fundamentou a primeira experiência do estilista no interior de uma indústria, em modelo de negócios completamente diverso do que conhecia. O valor do contrato possibilitou ao estilista abrir sua primeira loja própria, em casa alugada na alameda Franca, São Paulo.*

Com o desenho criado pelo estilista para a Ellus, a história da marca foi reinterpretada segundo a visão de alguém que a consumira por anos a fio. Mas o estilista também pôde incorporar seus elementos "registrados": o desenho da caveira, aberturas e mesclas inusitadas de tecidos, como tule preto sobre Lurex dourado, em transgressões sutis dos hábitos em jeanswear que logo se converteram em sucessos de vendas. Com as marcas H;A e Ellus abrigadas no mesmo prédio do conglomerado de moda InBrands, em São Paulo, Alexandre nota: "O discurso urbano, rocker e noturno da Ellus, que fez sua diferença, se mantém em muitos aspectos".

* P. 99 - Alexandre Herchcovitch.

A.H. **Mariana** Belinello veste camiseta da coleção Ellus por Alexandre Herchcovitch Verão 1994/95. Sapato anabela feito por Fernando Pires para a coleção Inverno 1995. Camiseta e sapato de meu acervo e saia acervo da Normanda.

E.V. **AINDA** SOBRE O FUTURO – E ESPECIFICAMENTE NA MODA –, O BRASIL AINDA NÃO TEM UMA TRADIÇÃO DE CONTINUIDADE, DE DISCÍPULOS QUE SEGUEM E FAZEM EVOLUIR A OBRA ESTÉTICA DE UM MENTOR. VOCÊ É A MAIOR E MAIS PERENE HISTÓRIA DE CRIADOR INDIVIDUAL DESTA GERAÇÃO. MAS TAMBÉM NÃO PARECE EXISTIR NA SUA HISTÓRIA, AO OLHAR PÚBLICO, A URGÊNCIA NA FORMAÇÃO DE UMA NOVA GERAÇÃO QUE EVOLUA DIRETAMENTE COM O SEU TRABALHO (SEM CONTAR SUA ATUAÇÃO DIRETA EM FACULDADES). NÃO HÁ EM VOCÊ A PREOCUPAÇÃO DE CRIAR UM HERDEIRO *PER SE*, ALGUÉM QUE POSSA MANTER SEU LEGADO EM MOVIMENTO?

A.H. **ESSA** preocupação não é minha, e sim de quem tem a marca. Como ainda estou vivo e produzindo intensamente, não me preocupo em deixar alguém que pense como eu e seria impossível duas pessoas pensarem da mesma maneira. Muitas ideias ainda estão em minha cabeça, ideias de novos negócios, ideias sobre o que imagino da moda no futuro, muitos desejos que não tenho ainda onde colocar em prática. Construí a marca Herchcovitch;Alexandre lentamente e sem ceder muito, como se eu tivesse um guia da marca com a palavra "não" imensa, impressa na primeira página, e a palavra "sim" pequena na segunda página. Nesses anos falei mais "não" do que "sim" e isso fez com que um produto criado por mim para a marca que fundei fosse facilmente identificado. Com isso é fácil identificar. Além disso a vontade de democratizar minhas ideias sempre foi algo que persegui e consegui pôr em prática rapidamente. Por que geralmente um produto que é barato é feio? Por que as classes B, C, D têm que consumir qualquer coisa?

Essas e outras questões sempre me intrigaram, e a vontade de mudar isso tudo me fez criar para todos. Com tudo isso posto, creio que não será difícil continuar meu pensamento caso um dia não trabalhe mais para a marca que fundei – algo que não desejo.

E.V. **O BRASIL** É UM PÉSSIMO EXEMPLO NO QUESITO DE PERMANÊNCIA E EXIBIÇÃO DO ACERVO HISTÓRICO DOS SEUS ARTISTAS E CRIADORES – COM ESTILISTAS NÃO É DIFERENTE. VOCÊ, NO ENTANTO, PARECE TER UMA PREOCUPAÇÃO EM MANTER VIVA SUA CRIAÇÃO, DESDE O PRINCÍPIO. COMO ENXERGA A QUESTÃO DA PERMANÊNCIA DA OBRA NA MODA NACIONAL? HÁ ESSE ESFORÇO DELIBERADO DA SUA PARTE?

* P. 103 - Vestido coleção Inverno 1994.

A.H. **Quando** vendi a marca que fundei, o acervo com mais de três mil itens fez parte do negócio. A fim de conservá-lo, pedi de volta o acervo para que eu mesmo cuidasse. Gentilmente a InBrands me cedeu. Hoje ele está em minhas mãos, em meus cuidados. Sempre tive o desejo de conservar, não me desfazer e preservar sempre que possível sobras de desfiles e coleções. Algumas peças nunca coloquei à venda por achar que não havia consumidor, outras estiveram à venda, mas sem compradores.

O acervo está dividido em duas partes, a primeira, que guardo comigo, contém umas cinco araras com as peças mais significativas escolhidas por mim e que foram usadas nos últimos anos em matérias de revistas e também para um editorial exclusivo fotografado pelo meu amigo Bob Wolfenson para este livro.

A outra parte, maior, está em um galpão alugado. Acessórios em geral em caixas, roupas penduradas dentro de garment bags de plástico. Junto delas, há também peças-piloto não aprovadas e primeiros protótipos costurados com tecidos não originais. As peças em látex, por exemplo, que têm uma vida útil pequena, estão morrendo, se desfazendo, esfarelando e apodrecendo.

Quando o ciclo de uma coleção se encerra, novos looks são doados a mim a fim de não deixar o acervo desfalcado. Essa coleção de criações está longe de estar bem cuidada e armazenada. Em geral, na moda nacional, não há obra bem conservada, ter um acervo não significa que ele está conservado e que vá durar. O Brasil não tem muitos profissionais e nem verba reservada para esse fim, trabalhei em várias empresas, nas quais nunca foi mencionada a palavra "acervo". Poucos livros publicados aqui ajudam a registrar a recente história da moda brasileira.

E.V. **Você** é tido como o estilista mais criativo, o maior representante, o mais focado e bem-sucedido da moda nacional. Diante de tantos adjetivos, você não se cansa de ser elogiado? Existe a crise do não erro?

A.H. **No final** o que vale mesmo é a autocrítica. Sem ela e sem bom humor é muito difícil mudar, crescer e se renovar. Sei exatamente quando exagerei, pelo que surpreendi e quando decepcionei. Me considero criativo e focado, mas nunca fui unanimidade, não acredito nisso.

* P. 104 e 105 - Foto para matéria da revista *Vogue* sobre vinte anos da marca Herchcovitch;Alexandre.
* P. 107 - Carta para Isabella Prata.

HERCHCOVITCH;ALEXANDRE

São Paulo, 23 de novembro de 2012.

Parecer sobre condição do vestido em látex preto.

Este vestido foi criado e confeccionado em 2003 para a coleção de inverno 2004 que misturava dois universos: Carmem Miranda e Hello Kitty.
Ele foi desfilado nas semanas de moda de São Paulo e Paris, exposto no Metropolitan Museum of Art em Nova Iorque na exposição Wild: Fashion Untamed entre 07 dezembro de 2004 e 13 de março de 2005 e fotografado pelas mais importantes revistas de moda do mundo como: W, i-D entre outras.
Látex natural pigmentado de preto, tela rígida para sustentação dos babados, tecido para cobrir o cadarço do zíper e zíper foram os materiais utilizados nesta peça.
Sua construção deu-se sobre manequim em gesso e obtivemos textura e espessura desejada adicionando camada sobre camada utilizando pincel.
Os babados foram feitos fora do manequim em superfície lisa e posteriormente colados à peça sempre tendo a tela rígida entre os babados.
Duas espessuras de látex foram utilizadas nesta peça: a mais grossa que compreende grande parte do vestido serviu para estruturá-lo e uma mais fina para os babados.
Como o látex é um material orgânico e tem uma vida útil relativamente pequena, onde sua espessura é mais fina com o tempo surgem pequenas rachaduras e onde a espessura é mais grossa sua durabilidade é maior.
Percebo que nas extremidades como: gola alta, babados nos ombros e cavas, existem rachaduras, no restante não.
Não há como consertá-lo pois só é possível acrescentar mais camadas enquanto ele está molhado.
Portanto a recomendação é que o mantenha na horizontal e use-o moderadamente com extremo cuidado.

Sempre à disposição,

Ale.

Alexandre Herchcovitch (Brazilian, born 1971)
Dress, autumn/winter 2004–5
Black rubber, fiberglass screening, black leather
Courtesy of Alexandre Herchcovitch

Designers have been inspired by historical femme fatales, but perhaps the most often cited are those of the late nineteenth and early twentieth centuries. These women were highly educated, enjoying wealth and social standing, but were also libertines, bridling under the constraints of Victorian and Edwardian sexual propriety. The tightly cinched waistline of the fin-de-siècle femme fatale underscored her aversion to maternity and her reputation for sterility. With its molded rubber bodice and crown of dried black fruit, symbolic of famine and barrenness, Alexandre Herchcovitch's ensemble reflects the femme fatale's predicament. She is a woman whose sexuality, disengaged from reproduction, is inevitably a threat to conventional societal proprieties.

Descrição do vestido na exposição *Wild: Fashion Untamed* no The Costume Institute no Met em Nova York.

Vestido da coleção Inverno 2004 na revista *W*.

Para o desfile Inverno 2004 em Paris, um novo vestido foi feito.

Desfile Inverno 2004 em São Paulo.

Detalhes do desfile Inverno 2004.

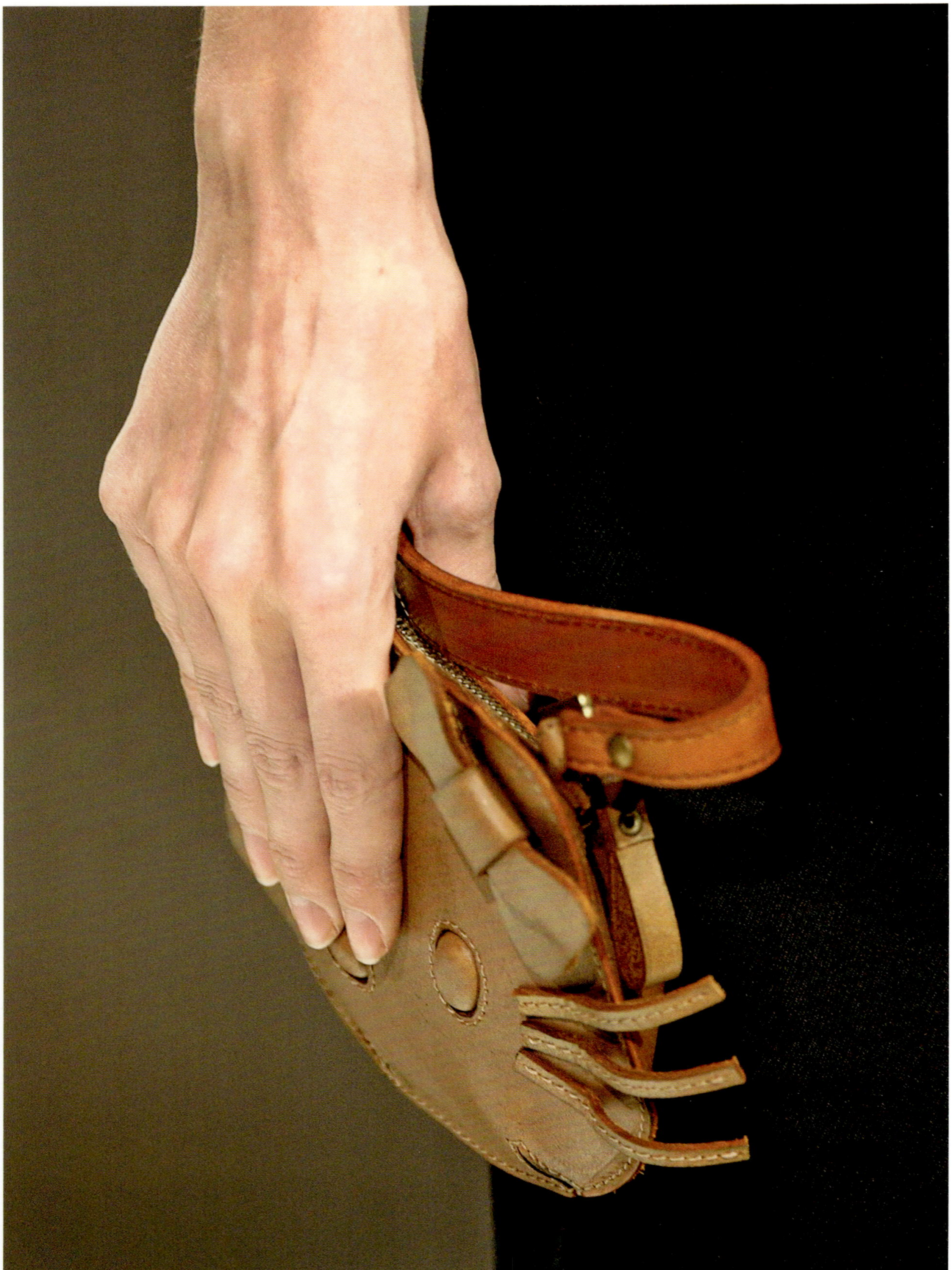

Detalhes do desfile Inverno 2004.

Artur Herchcovitch desfile Inverno 1996.

Erika Palomino, Alexandre Herchcovitch e Giovanna Currlin
no backstage do desfile Inverno 1994.

ERIKA PALOMINO

1:1

ALEXANDRE HERCHCOVITCH

E.P. **Você** atingiu um status de unanimidade, mas já houve momentos em que precisou provar seu talento a cada coleção, e outros em que não era sequer compreendido. Estar acima do bem e do mal hoje é algo que deixa você entediado?

A.H. **Não me** sinto entediado, pois não acho que esteja acima do bem e do mal. Comecei a trabalhar e aparecer através de meu trabalho numa época em que acontecia pouca coisa na moda brasileira.

Quando li uma resenha sobre meu primeiro desfile, fiquei perplexo: a coleção foi o que menos se descreveu. Tudo em torno da roupa foi citado, trilha, maquiagem, casting etc. Me pareceu que a roupa ficou em segundo plano, já que estávamos falando de um desfile de roupas, mas logo percebi que havia usado tudo o que podia a meu favor para explicar o que estava sentindo.

Daí em diante me senti mais forte para me expressar cada vez mais contundentemente, usando todos os artifícios possíveis. Por muitos anos li meu nome em rankings de desfiles como o melhor, mas nem sempre concordava. Sei qual é o meu papel, sei quando erro feio, sei quando acerto na mosca, mas o mais importante é saber quando parar.

E.P. **O que** mais irrita você: uma resenha de seu desfile escrita de forma leviana ou uma blogueira idiota? Aliás, o que pensa da mídia de moda hoje no Brasil? Revistas e jornais incluídos.

A.H. **Para** escrever sobre algum assunto, você deve antes de tudo dominá-lo, porém se não há exigência do público para que ir a fundo? Para que se dedicar?

Lembro que, no dia seguinte aos meus desfiles, corria para a banca para comprar os jornais e ler sobre eles. Hoje não tenho mais essa ansiedade.

Não há crítica, os desfiles são apenas descritos. Mas hoje erra quem quer, pois o acesso é fácil. Já li muita besteira a respeito de meu trabalho, como dizer que um vestido de patchwork com mais de sessenta partes era uma estampa. Para evitar esse tipo de erro grave, comecei a liberar o acesso ao backstage de meus desfiles antes e depois de eles acontecerem. Não satisfeito, uma semana antes da

* P. 119 - Crítica de Erika Palomino, Ilustrada, *Folha de S.Paulo.* Desfile Inverno 1996.

ELVIS CESAR BONASSA
da Reportagem Local

A retomada da produção cinematográfica no Brasil levou a gravadora independente Natasha Records a criar uma coleção específica para trilhas sonoras de filmes.

Com o nome de Cine Natasha, abriu o catálogo com a trilha de "O Quatrilho" (Fábio Barreto), lançou ontem "Mil e Uma" (Suzana Moraes) e prepara "Tieta" (Cacá Diegues).

A trilha de "Tieta", criada por Caetano Veloso, é a primeira grande aposta da gravadora na área. Nesse caso, a Natasha não se limita a lançar o CD com as músicas. Mais do que isso, é responsável pela produção da própria trilha. Está integrada ao projeto do filme.

A integração ao projeto cinematográfico, desde o início, permitiu à Natasha obter recursos de patrocínio para a trilha de "Tieta", o que abre a possibilidade de lances mais altos.

Em vez de ficar na casa dos 10 mil CDs de tiragem inicial, a gravadora vai sair com 100 mil cópias, com lançamento no segundo semestre.

"Acho que os gastos podem chegar a uns R$ 400 mil", diz Paula Lavigne. A atriz, mulher de Caetano Veloso, é a mais nova sócia da Natascha. Entrou na sociedade há uns seis meses. O negócio começou exatamente com "O Quatrilho".

"Quando o Caetano fez a trilha de 'O Quatrilho', não houve grande interesse da Polygram, a gravadora dele, em lançar o CD. Mas eles disseram que não haveria problema em lançar por uma gravadora independente", conta Paula.

Ela já conhecia Conceição Lopes e Felippe Lierna, donos da gravadora. Acertou o projeto com eles. Depois de "O Quatrilho", começou a ser acertada a sociedade.

A trilha de "O Quatrilho" vendeu 25 mil cópias. Embora uma trilha de grande sucesso nos Estados Unidos supere em muito essa marca, a Natascha considera um bom nível de vendagem para um produto independente, novo no mercado brasileiro.

"O crescimento do mercado de trilhas vai acompanhar o crescimento do cinema nacional", diz Felippe Lierna.

Mil e Uma

Na noite de anteontem, foi feita uma festa no Terraço Itália (região central de São Paulo) para o lançamento do filme "Mil e Uma", o primeiro longa-metragem da cineasta Suzana Moraes, e da trilha sonora.

As músicas foram criadas por Péricles Cavalcanti, que fez uma apresentação ao vivo, com os convidados que participam do disco.

As interpretações contam com as participações especiais de Arrigo Barnabé, Adriana Calcanhoto e Arnaldo Antunes.

Segundo Conceição Lopes, os gastos com a trilha de "Mil e Uma" são bem mais baixos do que "Tieta" —ficaram em torno de R$ 15 mil.

Para os próximos lançamentos da coleção Cine Natasha, a gravadora está negociando a produção das trilhas dos filmes "Quem Matou Pixote", direção de José Joffily,

MODA

Claudia Guimarães/Folha Imagem

Elizabete usa agasalho, a peça definitiva da coleçao de Herchcovitch

Herchcovitch traz simplicidade niilista

ERIKA PALOMINO
Colunista da Folha

Alexandre Herchcovitch conseguiu chocar mais uma vez. Em seu desfile de anteontem na Faap, em São Paulo, o estilista trouxe uma moda niilista, que desconstrói até mesmo as imagens características de seu estilo pessoal.

Não teve salto alto, não teve esquisitice, não teve chifre nem montação. Não teve o exagero ou o radicalismo explícito que sempre suscitaram as maiores críticas (e as maiores paixões) a seu trabalho. Foi um desfile às avessas, invertido e coerentemente contraditório.

Para começar, a inspiração esportiva aparentemente simples, acessível e comercial. Nada disso. Os looks são sofisticados, de leitura difícil e árida a não-iniciados.

À moda de marcas orientadas para fashionistas como a italiana Prada, Herchcovitch veio simples, feio, sem-graça e desconcertante, dividindo seu público.

A consistente base desses conceitos são uma cartela de cores chocha, sobre tons de cinza e mescla; formas imbricadas e estamparia.

Recursos como pregas, recortes, encaixes, cavalos e drapeados aparecem com sutileza e inteligência, chancelando a coleção mais intelectualizada da trajetória —ainda recente, é bom lembrar— do estilista.

Alexandre Herchcovitch fez tudo de propósito. Parece mais maduro, consciente e cuidadoso. O que se percebe também em detalhes como as luvas nos mesmos tecidos das roupas; nas meias de velhinha com apliques; nos tênis Rainha com a marca da caveira.

No caráter escolar que também orienta o estilista nesta coleção, uma certa desorientação diante da marcante existência de Marcelo Sommer a partir do último Phytoervas Fashion.

Parceiro de Herchcovitch numa consultoria de moda, Sommer "vem" aqui em looks como o do nerd, de óculos e sobreposição de camisas. Impossível não lembrar.

O paradoxo do desfile de Herchcovitch acontece também no quesito glamour. Passarela ao chão, modelos sem maquiagem e trilha sonora feita com a rádio Antena 1 ligada ao vivo e, portanto, ao acaso. Mesmo assim, a apresentação mais moderna da temporada.

MUSICA *Gravadora indepe*

Cinema e

A atriz Paula Lavigne, sócia da Natasha, que cri

Herchcovitch

1

2

o agasalho d

3

4

Fotos: Ana Ottoni/Folha Imagem

A coleção outono/inverno de Alexandre Herchcovitch se inspira er agasalhos e moletons e baratina o sportwear. Com falsa simplicidade, descaracteriza o desfile como show, sintoniza a rádio Antena 1 e aposta er tipos comuns—uma idéia conhecida diga-se. Alterna plushs e "ultrasuede básicos em cores neutras, com jaquet bordadas com canutilhos e anáguas e renda. Moletons superlongos com bolso canguru e saias sobre calças ret aparecem para homens e mulheres. Meias na cor da pele com bordados desestabilizam o padrão criado pelo tênis Rainha, e a estampa de caveira não choca mais ninguém: Herchcovitch se apresenta mais enxu e aparentemente mais comercial. Claro, cartela de cores insossa e falta gosto intencional já estão no "mainstream".

• **Patricia Carta**

1. Casaco-camisa com lateral pregueada pede calça de abrigo e tênis Rainha
2. Jaqueta e saia pregueada em renda se sobrepõem a look básico
3. Saia de faixas se enrola sobre calça
4. Simplicidade absoluta: malha canguru e saia afunilada
5. Luvas de malha se afinam com camiseta, saia de renda e tênis
6. A t-shirt cinza gruda na saia arredondada que dá aula de corte e recorte
7. Barra plissadinha escapa do moletom ultralongo e quebra a severidade do look
8. Sensação da noite: poncho de Jonnhy Luxo
9. Caveiras estampam a jaquetinha e as meias do moço
10. Camisa de renda aparece sobre vestido estampado
11. Tons de cinza recortam os básicos de Herchcovitch

A passarela-sudário de Alexandre Herchcovitch
por Jackson Araujo

Alexandre Herchcovitch transformou a simples manhã de desfiles de estudantes formandos na primeira turma de moda da Faculdade Santa Marcelina no descortinar de um novo tempo para a história da moda brasileira.

Da trilha sonora ao casting de não-modelos, a estranheza deu o tom. A drag queen Marcia Pantera, o clubber Johnny Luxo e Arthur Herchcovitch - irmão do estilista - desfilaram na passarela-sudário, com bonecos arrancados à fórceps, pingando sangue no chão, para causar mais desconforto aos presentes.

As roupas são inspiradas em camisas-de-força, brancas, com mangas bem longas presas por pequenas tiras de elástico, que lembram tiras de soutien ou de cintas-liga. Cruzes invertidas e palavras rabiscadas, como "self-destruction", mostram a inquietude de Herchcovitch, colocando em cena os detalhes fetichistas com que veste seus amigos na noite paulistana: transparências, tules, androginia, coturnos de plataforma, tecidos manchados, queimados e rasgados.

Nada ali era por acaso. Da maquiagem com fitas adesivas pretas - nos olhos e lábios - aos chifrinhos de metal, o jovem estilista desconstrói as certezas do passado e anuncia uma nova década sem excessos, onde a dor e a verdade são as palavras de ordem.

Carta escrita por Jackson Araujo a Alexandre Herchcovitch sobre desfile de formatura.

Looks do desfile de formatura de Alexandre Herchcovitch em novembro de 1993 na Faculdade Santa Marcelina.
* P. 120 e 121 - Revista da Folha, *Folha de S.Paulo*, Patrícia Carta sobre desfile Inverno 1996.

apresentação mostro parte de minhas coleções aos principais editores de moda, assim a informação correta chega a todos.

Os jornalistas correm para escrever suas resenhas, que precisam ser publicadas em tempo recorde e se possível antes do próximo desfile, que acontecerá em menos de uma hora. Não há repertório que faça com que todas essas resenhas sejam interessantes, nem que garanta que nenhum detalhe importante se perca.

Imagino que o tempo das resenhas nos jornais não volte mais, nem desejo isso, mas é urgente que se tenha mais consistência ao escrever sobre moda e que os parâmetros dos jornalistas sofram um upgrade em vez de um downgrade. Nivelar por baixo só para ganhar audiência não é nem nunca será o melhor caminho.

Os consumidores têm hoje mecanismos que facilitam a expressão num mundo onde todos querem manifestar suas opiniões. Porém existe ainda espaço para lermos e ouvirmos historiadores e críticos de moda que estudaram o tema.

E.P. **JÁ CHOROU** ANTES, DURANTE OU DEPOIS DE ALGUM DESFILE? QUAL, COMO E POR QUÊ?

A.H. **JÁ CHOREI** após um único desfile, quando Maurício Ianês foi morar em Londres por um ano. Foi logo após o desfile de Inverno 1999.

E.P. **QUAL** SEU LOOK FAVORITO JÁ DESFILADO POR GEANINE MARQUES? PODE COMENTAR SOBRE A IMPORTÂNCIA DELA NA CRIAÇÃO DE SUA IMAGEM DE MODA?

A.H. **ELA É** a modelo que mais desfilou para mim. Conheci Ge através do amigo Renato de Cara, que insistiu em apresentá-la a mim para que ela desfilasse. Fiquei imediatamente apaixonado. Estilistas são constantemente solicitados a indicar uma pessoa chique, elegante, mas sempre achei isso uma bobagem, já que acredito que essas qualidades não estão ligadas à roupa… mas a Ge foi a primeira pessoa chique e elegante por natureza que conheci. A partir do nosso primeiro encontro nunca mais deixei de pensar nela para criar. Juntamente com outros elementos e influências, ela me ajudou a personificar as criações e passou a provar todas as roupas que eu criava. Ficamos amigos. Sempre desfilou peças emblemáticas,

* P. 125 - Bastidores desfile de Inverno 1999.

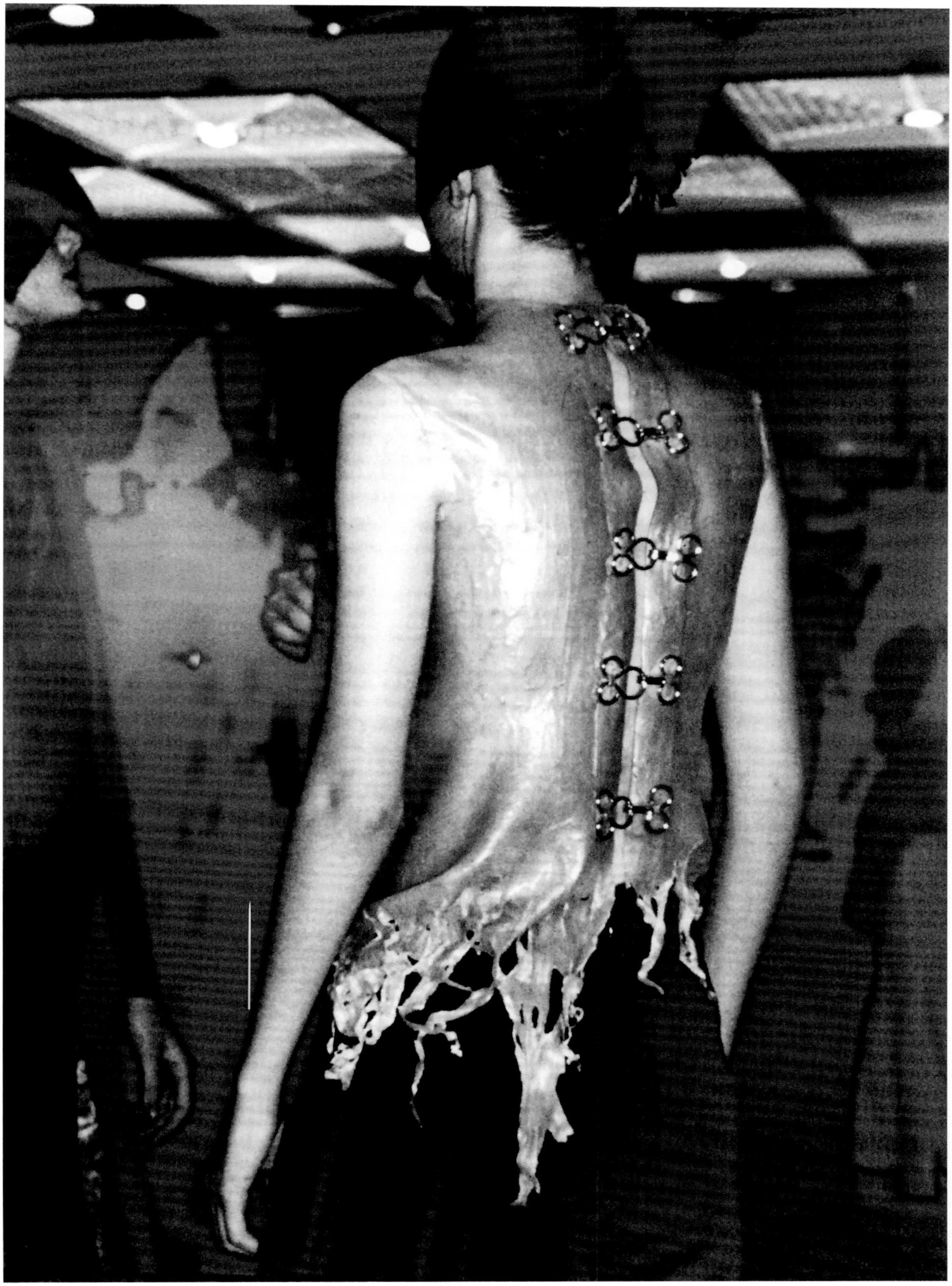

Mesmo vestido no editorial de 40 anos de Alexandre Herchcovitch na revista *Elle*.

Vestido da coleção Inverno 1998.

e quando havia mais de uma peça representativa, também era ela que desfilava. Cheguei a dar a ela seis looks em um só desfile: a cada oito looks que entravam na passarela, um era desfilado por ela.

Uma roupa específica ficou estigmatizada como a roupa da Ge, e por muito tempo citei essa roupa para resumir meu trabalho. É um vestido com o corpete de látex preto e a saia grudada nele de crepe georgete bordado com canutilhos. Três diferentes posições de fechamento determinam o quanto a cauda arrasta. Ele foi desfilado na coleção Inverno 1998 e também exposto no Met em Nova York, na exposição *Wild: Fashion Untamed*, juntamente com o vestido de babados inspirado na Carmem Miranda (adquirido posteriormente por Isabella Prata). A própria Geanine, interpretando a morte no filme *Encarnação do Demônio*, de José Mojica Marins, usou esse vestido.

A.M. **A CRIAÇÃO** *de látex mais aclamada e fotografada do estilista foi um vestido preto com babados da coleção feminina Inverno 2004, inspirada nos universos visuais de Carmen Miranda e Hello Kitty. A peça causou furor, fotografada por mais de vinte publicações nacionais e internacionais, e o estilista foi solicitado a cedê-la para a* Wild: Fashion Untamed, *no Metropolitan Museum of Art, em Nova York (2004-05), mostra descrita pela instituição nova-iorquina como um "exame transcultural e histórico da obsessão do homem pelo animalismo, expresso por meio do vestuário e de acessórios de moda". Ao mesmo tempo, o modelo foi adquirido pela empresária Isabella Prata, amiga e cliente do estilista, compondo um segundo item do gênero em seu acervo pessoal, ao lado de um vestido de látex e renda preta.* *Ver págs. 97, 108, 109, 110 e 111.*

E.P. **O QUE** FAZ VOCÊ PROSSEGUIR?

A.H. **O DESAFIO** constante. Impus um ritmo cruel ao meu dia a dia e à marca que fundei. Negar parte do que já fiz e recomeçar deixa esse desafio ainda mais trabalhoso. Essa negação veio claramente da falta de espaço que tinha na sala da casa de meus pais quando comecei a modelar, cortar e costurar. Após cada trabalho realizado, dobrava e guardava as modelagens numa caixa; quando essa caixa se encheu passei a rasgar e jogá-las fora, assim não ocupavam mais espaço.

* P. 129 - Vestido da coleção de Inverno 1998 usado como figurino da personagem Morte, interpretada por Geanine Marques no filme *Encarnação do Demônio* de José Mojica Marins.

Top e calcinha em látex.

Vestido em tule com látex.

Detalhes do desfile Verão 2015/16. Microbabados em látex.

Saia em látex coleção Verão 2006/07.

Vestido em látex e cristais coleção Verão 2001/02.

Top em látex desfile Inverno 2005.

Vestido em látex coleção Inverno 2005. Editorial sobre quarenta anos de Alexandre Herchcovitch na revista *Elle*.

Detalhe vestido em látex desfile Verão 2010/11.

Detalhe saia em látex desfile Verão 2006/07.

GEANINE MARQUES
DEBORA MULLER

Cada vez que iniciava um trabalho, não me apoiava em modelagens arquivadas, fazia tudo de novo. De alguma maneira, essa falta de espaço que me obrigava a me desfazer de trabalhos antigos virou a negação da coleção anterior, como se não houvesse mais espaço em meu cérebro e tivesse que recomeçar a cada seis meses. Por um lado não me deixou preguiçoso e repetitivo, mas por outro perdi ou deixei de continuar ideias boas e mal exploradas. Percebi tudo isso há pouco tempo e em 2013 iniciei um trabalho de reaproveitamento de ideias pouco exploradas ou rasgadas pelo costume de não guardar.

Na coleção Verão 2013/14, por exemplo, resgatei uma técnica de modelagem e costura utilizada na coleção Verão 1998/99: tiras cortadas circularmente e colocadas sobre o corpo, numa espécie de mumificação, eram costuradas umas às outras até formar uma roupa. Na segunda coleção em que usei essa técnica, aperfeiçoei-a: em vez de cortar a tira circularmente e aleatoriamente, determinei três ângulos para esses cortes, assim, numa saliência mais pronunciada do corpo, como os seios (em que há necessidade de mais tecido para cobri-los e uma angulação específica), usava a tira mais sinuosa, já para os quadris, outra, e para partes mais retas as tiras de angulação mais sutil.

* P. 143 - Prova de roupa desfile Verão 2014/15.
* P. 140 e 141 - Bastidores desfile Verão 2010/11.

Prova de roupa do desfile Verão 2014/15.

Editorial de vinte anos da marca Herchcovitch;Alexandre na revista *Vogue*.
* P. 146 e 147 - Lookbook Inverno 2004.

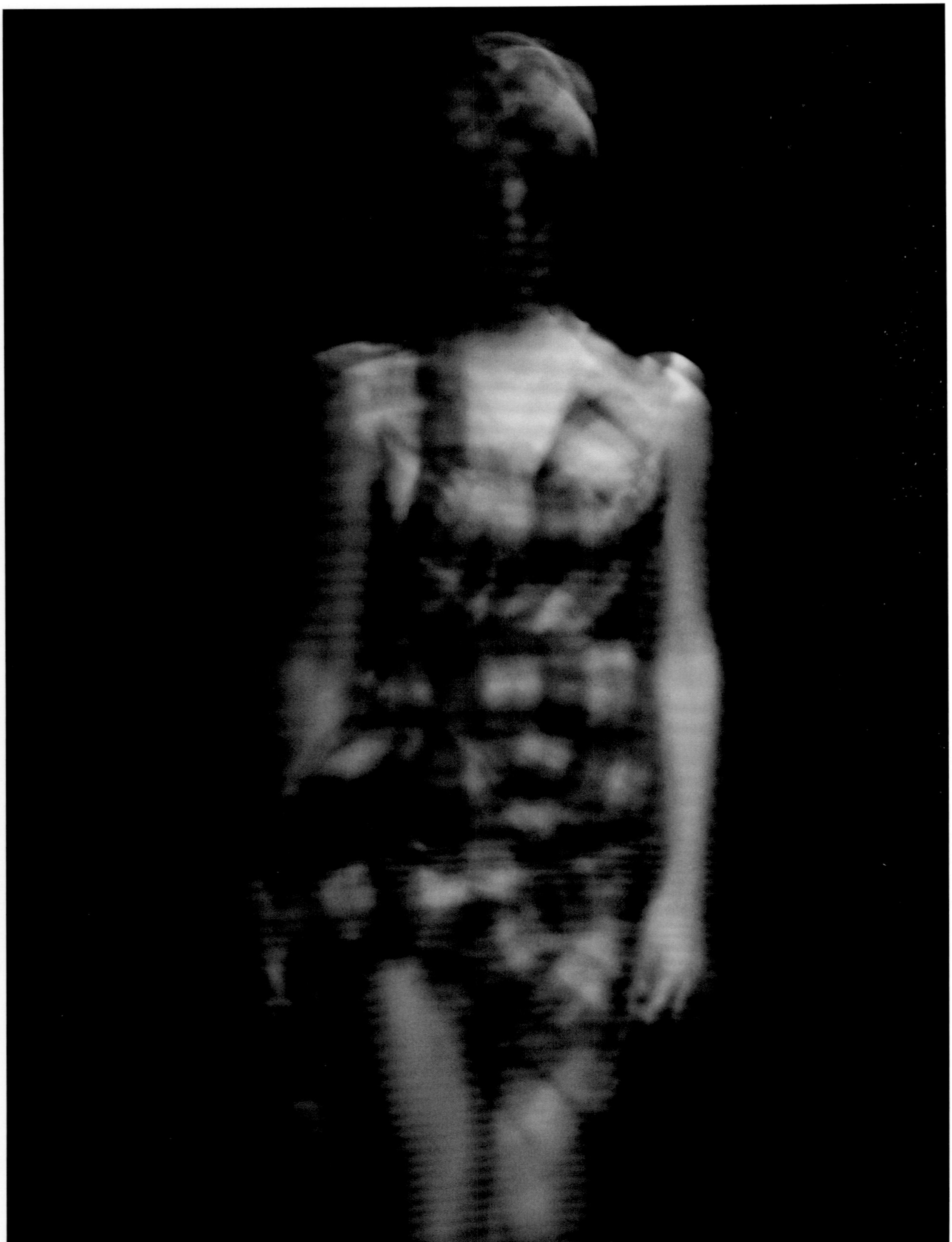

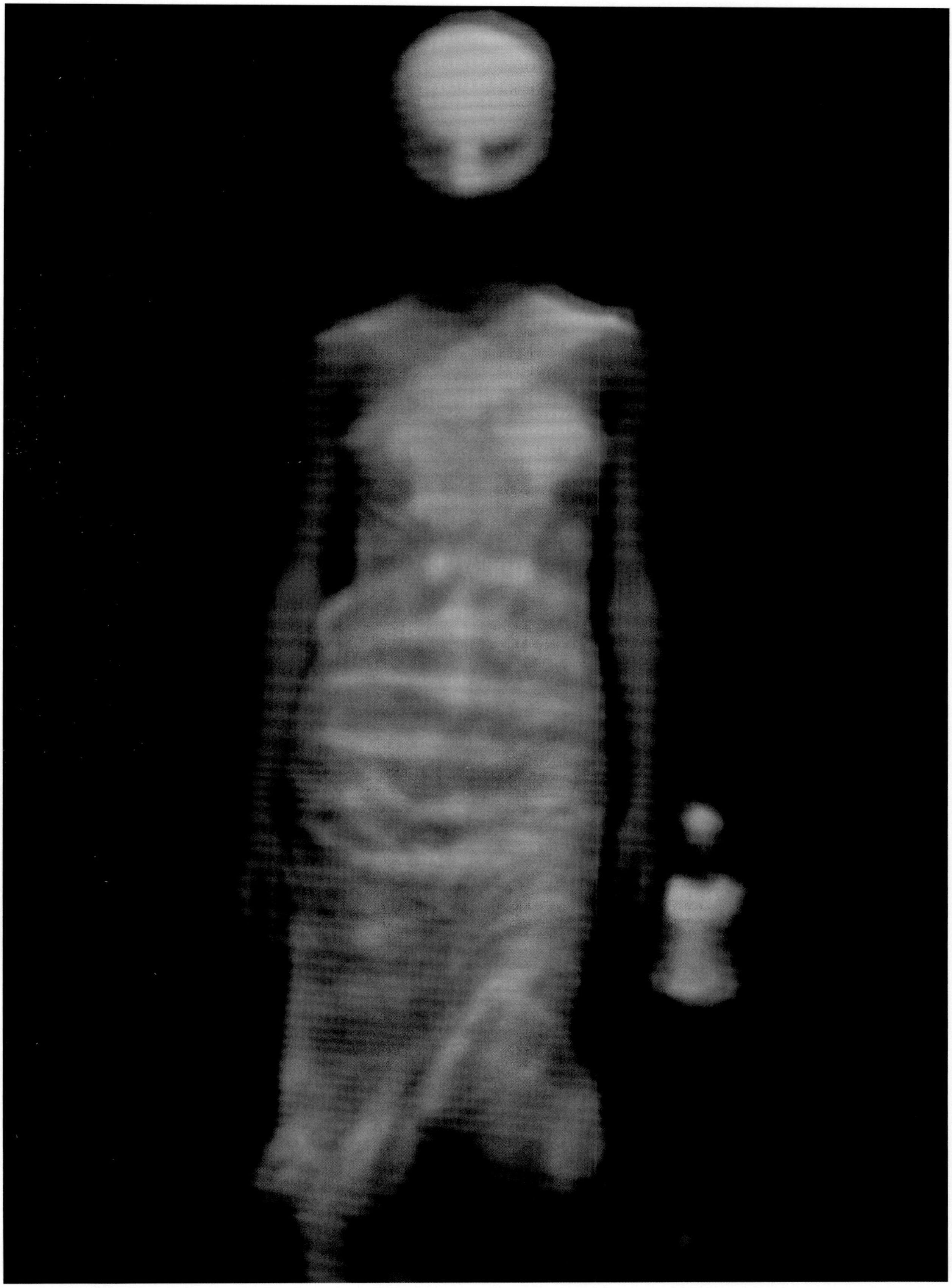

Desfile Verão 1998/99.

Vestido em tricô feito por Regina Herchcovitch para a coleção Inverno 1995.

Vestido confeccionado por Kazuo Miyamoto
para o desfile Verão 1996/97

SUSANA BARBOSA

1:1

ALEXANDRE HERCHCOVITCH

S.B. UNDERGROUND OU MAINSTREAM?

A.H. **OS DOIS** têm seu valor. O underground, ou algo que é menos difundido e novo, desperta a curiosidade daqueles que estão atentos. No underground surgem ideias, o ambiente é livre e as pessoas se expressam com maior coragem e sem muitas amarras, surgindo aí alguma novidade.

Quando comecei a criar roupas, as pessoas que estavam mais próximas a mim queriam vesti-las. Um pequeno comércio surgiu. As roupas eram acessíveis, pois não tinham o acabamento que têm hoje, muito menos uma marca conhecida por trás. Muitas pessoas até podiam comprar, mas poucas me conheciam.

Numa certa época eu trabalhei criando roupas únicas e exclusivas de acordo com cada cliente. Eles vinham até mim, escolhiam tecidos que na maioria eram antigos ou com defeitos de fábrica, eu propunha uma ideia e depois de alguns dias eles voltavam para buscar a criação. Eu mesmo tirava as medidas, modelava, cortava, costurava e dava acabamento nas peças, fazia o preço... E assim exercitava livremente minha criatividade.

A primeira vez que minhas criações chegaram a uma loja foi no ano de 1992. A rede B.O.A.T. viu que poderia vender em suas lojas. Na época tinham lojas nos shoppings Iguatemi e Morumbi e no Top Center na avenida Paulista, todas em São Paulo.

Uma vez por mês, deixava em consignação uma produção daquilo que eu decidia fazer, e pela primeira vez costurei em série. Lembro que comprava cardigãs e blusas numa fábrica de tricô no bairro do Bom Retiro e os transformava colocando zíperes, ilhoses e retalhos de lã xadrez nas costuras. Além dessas peças, as camisetas de caveira também eram produzidas para as lojas. Todo início do mês, ia até o escritório delas para retirar o cheque e o relatório de vendas do mês anterior, assim tinha dinheiro para produzir para o mês seguinte. Foi uma época importante e inesquecível para mim.

Fui chamado de estilista underground, e essa palavra aparece até hoje quando alguém tenta me descrever como artista ou quando fala do meu trabalho.

Com o passar dos anos, minha roupa não podia mais ser chamada assim, não era mais tão inacessível, a produção em série aumentou, mas o underground sempre será uma fonte importante para olhar.

* P. 155 - Vestido em tricô feito por Regina Herchcovitch para a coleção Inverno 1995.

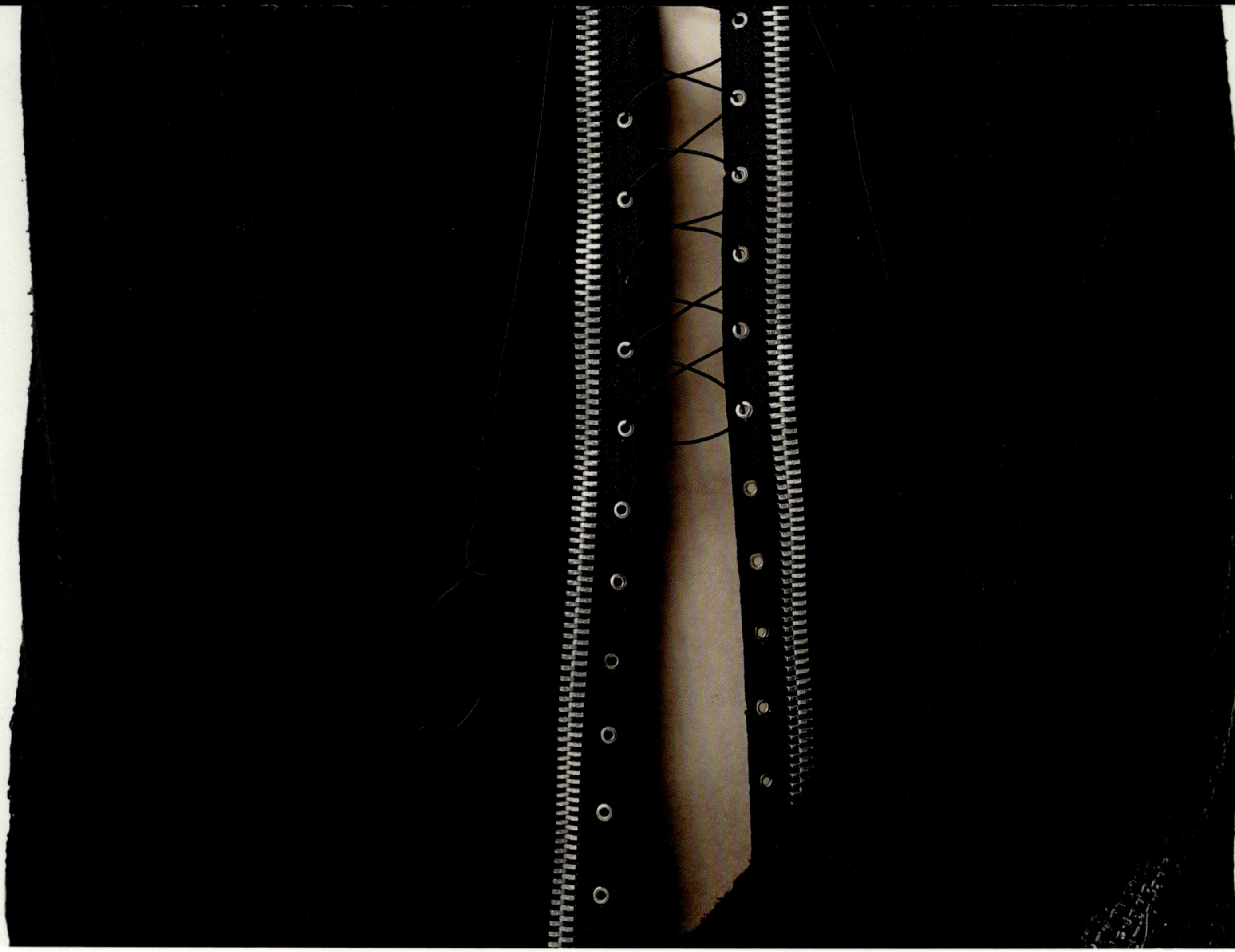

A.H. **Marina** Haiden vestindo cardigã em tricô com fechamento em zíperes e ilhoses, ano de 1992 aproximadamente. Acervo Normanda.

A.H. **Goan** Fragoso veste a primeira camiseta da Pomba Gira que estampei. Mochila da marca Sex By Suzi, Ale (marca que criei juntamente com a amiga de escola Suzana Benedek), que era vendida na loja Germon's do Shopping Iguatemi, em São Paulo, no ano de 1986. Camiseta de meu acervo, mochila acervo Japa Girl.

A.H. **Indaia** Lara veste top em vinil e plástico com recortes da personagem Valentina de Guido Crepax, 1991. Acervo Japa Girl.

S.B. **Qual a diferença entre o Alexandre criador de hoje e o de vinte anos atrás?**

A.H. **Hoje**, se pretendo que uma peça ou coleção tenha detalhes irregulares, não posso mais decidir na hora de costurar, tenho que prever na hora do desenho e no momento de fazer a modelagem.

Há vinte anos, criava intuitivamente usando as armas que tinha em mãos, pouco conhecimento em construção de roupas e em costura, além de acabamentos precários. A meu favor, uma grande vontade de me expressar através das roupas e uma corrida por aprendizado e melhorias dos processos.

Um acabamento imperfeito agora é proposital, estudado e colocado na medida para ser entendido por muitas pessoas e não mais por uma só.

Por muito tempo eu costurava as roupas e muitas decisões sobre onde ajustá-las, pequenos franzidos, muitas pences irregulares eram decididas na hora da costura, ou seja, quando eu já estava sentado à máquina. Pouca coisa era planejada. Muita intuição. Isso tudo de uma certa maneira ajudou a formar o estilo de criar que tenho até hoje, com uma diferença: nada agora é ao acaso.

Levando em conta as diferenças desses vinte anos, sempre pensei da mesma maneira, tenho ideias fixas que se repetem, vontades que ainda não explorei com profundidade e isso faz com que minhas criações sejam reconhecidas sem que se precise ler a etiqueta da peça.

A.M. **Os grandes** *laços de tecido, à frente e às costas das modelos, que pontuaram a coleção Verão 2014/15 desfilada por Alexandre na São Paulo Fashion Week, constituem marcas inconfundíveis de um repertório pessoal consolidado no início de sua trajetória e por ele utilizado de maneira cíclica.*

Sua origem remonta a 1988, ao Bar Mitzvah do irmão Artur. Para a ocasião, Regina Herchcovitch queria um vestido especial e decidiu encomendá-lo ao estilista Kazuo Miyamoto. Alexandre acompanhou a mãe ao ateliê da São Caetano e deu muitos palpites no modelo. Entre eles, sugeriu "um grande laço na altura do cóccix".

Kazuo incorporou as sugestões e lançou-se ao trabalho. Regina submeteu-se a apenas uma prova de roupa, mas ao vesti-la uma hora antes da festa mãe e filho sentiram-se incomodados. Alexandre logo detectou a fonte do problema: a saia evasê estilo anos 1970

* P. 163 - Regina e Artur Herchcovitch em sua festa de Bar Mitzvah em 1988.

NOV 88

Desfile Verão 2014/15.

Desfile Inverno 1997.

HERCHCOVITCH; ALEXANDRE

competia em formato com o também expansivo laço. Ele lembra: "No pouco tempo até a hora da saída, franzi todo o tecido na lateral abaixo do laço e pregueei-o à mão. Virou uma saia justa com pregueado e o laço assumiu sua importância no conjunto."

O grande laço rosa seria repetido dez anos depois em sua coleção Inverno 1997, na SPFW, na qual ele se permitiu uma série de experimentações ousadas. Desenvolvido com Maurício Ianês, nesse ano seu tema fora inspirado em paranormalidade, ectoplasmas e o mundo sobrenatural. Surpreendente, em meio aos trajes desconstruídos, ressurgia o laçarote, nas palavras do próprio Alexandre, "símbolo do feminino e do frágil, como um contraponto importante, oposto às linhas desestruturadas".

Dezessete anos se passaram e, no primeiro desfile de 2014, destacaram-se várias novas versões do laço de grandes pontas, numa coleção toda inspirada em Marilyn Monroe. "Novamente, trabalhei com o inesperado. Tudo poderia ter ficado vulgar ou com ares de show de drag queens, mas isso não aconteceu. O que é MM? Corpo, sensualidade, exuberância, sexo; mas pode-se fazer isso tudo de pelo menos dez maneiras diferentes, é um tema inesgotável." O laço rosa triunfou mais uma vez: não só às costas, mas também à frente do corpo, na lateral, em xadrez, em preto sobre preto. Conjugado a diversas formas – boleros, capas, saias e até calças de denim –, surgia da própria modelagem da roupa ou agregado de maneira avulsa. "O laço certamente ainda voltará", acredita Alexandre.

S.B. **DEPOIS** DE VINTE ANOS NA ESTRADA E COM TODAS AS DIFICULDADES QUE ESSE SETOR ENFRENTA E SEMPRE ENFRENTOU, O QUE AINDA TE FAZ QUERER SER ESTILISTA?

A.H. **O QUE** me faz ser estilista, criador, é o dia a dia, a troca com quem eu confio, poder construir, pensar em acabamentos, novas maneiras de vestir o corpo.

Mas o que mais gosto mesmo de fazer é corrigir as peças, detectar onde está o defeito numa prova de roupa e tentar sempre fazer o melhor que conseguir em todo o processo de desenvolvimento.

Fazer uma roupa atemporal, que o cliente possa usar por anos sem parecer uma roupa datada, também é um dos grandes desafios diários.

Tudo isso não seria tão importante para mim se não tivesse a liberdade que eu sempre me propus, a quebra de paradigmas, os desafios de trabalhar temas que nunca imaginei, cores que pessoalmente não gosto e ter uma variedade de trabalhos imensa para fazer num ano. A combinação de tudo isso me faz querer continuar.

* P. 166 e 167 - Campanha da coleção Verão 2014/15.
* P. 169 - Look da coleção Inverno 1997, revista *Vogue*.

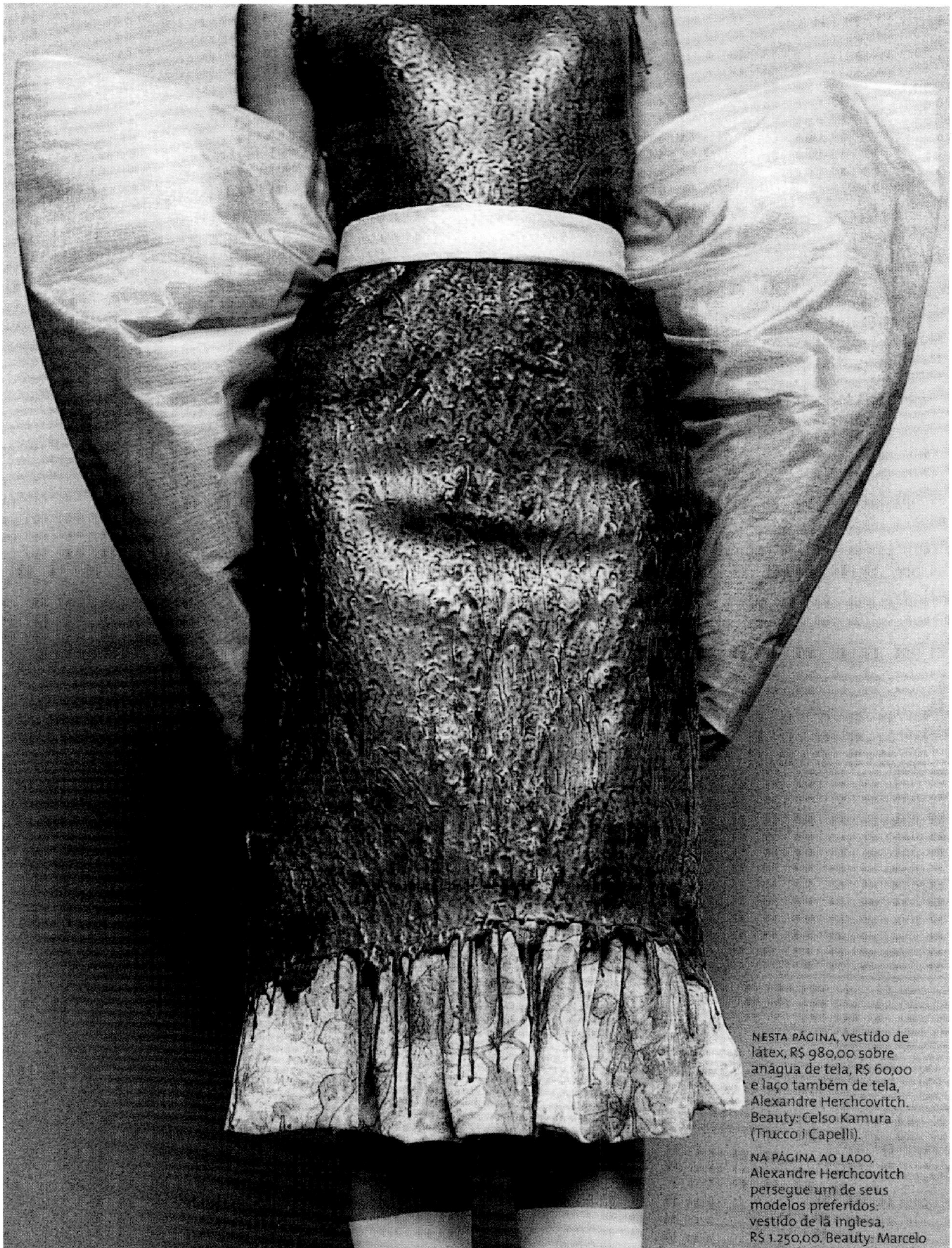

NESTA PÁGINA, vestido de látex, R$ 980,00 sobre anágua de tela, R$ 60,00 e laço também de tela, Alexandre Herchcovitch. Beauty: Celso Kamura (Trucco i Capelli).

NA PÁGINA AO LADO, Alexandre Herchcovitch persegue um de seus modelos preferidos: vestido de lã inglesa, R$ 1.250,00. Beauty: Marcelo Gomes (Angel Agent).

COLLECTION CLASSIC PERROTTS OF ENGLAND

Vestido em lã Inverno 1997.

S.B. **Afinal**, existe uma moda brasileira?

A.H. **Existe** somente pelo fato de ser feita por estilistas brasileiros. Fatores culturais, de criação e educação fazem sermos uns diferentes dos outros. A moda feita no Brasil nunca será próxima a uma feita na Noruega, por exemplo.

O mundo inteiro é um só país, as fronteiras caem a cada dia, mas mesmo assim algumas características são mantidas e fazem com que as produções sejam diferentes dependendo de cada lugar.

Mas o que mais me incomoda é a procura pelo país ou nacionalidade em criações de moda, porque acredito que a nacionalidade do estilista é irrelevante. Você não olha para um smoking YSL e fala: "Este smoking é tão francês!". Ou olha para uma camiseta de caveira criada por mim e fala: "É tão brasileira esta camiseta!".

As características brasileiras estão presentes, em alguns casos de forma mais sutil, em outros de uma maneira folclórica.

A.M. **Em meados** *dos anos 2000, elementos temáticos bastante inusitados para o estilo afirmado pela marca H;A passaram a ser lançados nos desfiles bianuais realizados na SPFW. O desfile-coleção Verão 2003/04 surpreendeu com um* happening *caipira trabalhado sobre o tema das festas juninas brasileiras. Com base nesse motivo, a elaboração foi intensa: "A estampa xadrez é normal em roupas de Ralph Lauren e outros estilistas, mas como 'levantar' uma coleção com a simbologia da festa brasileira sem o perigo de tornar os compradores os mais novos participantes de uma quadrilha junina?", perguntou-se Alexandre.*

Vazado em tons nostálgicos, o desfile levou as modelos a caminharem entre mastros de São João com bandeiras brancas, ao som de melodias de Villa-Lobos. Itens clássicos do universo caipira revelaram-se próximos de muita coisa que o estilista já havia explorado: remendos, xadrez, mesclas de cores inesperadas, barras de calças dobradas para fora etc. O tema inspirou, ainda, reflexão sobre o papel cultural da moda: "A imagem do caipira foi construída, é um figurino pensado por alguém lá atrás no tempo. Poderiam ter desenhado a figura com uma camisa branca e um boné, em vez do xadrez e do chapéu de palha, mas a partir dessa criação a imagem 'grudou'. Portanto, a imagem clássica do caipira, que todos consideramos 'normal', na verdade foi construída, é fruto da percepção de um ilustrador dos anos 1920, uma condensação criativa que ficou para sempre em nossa cabeça".

* P. 173 - Vestido lingerie coleção Verão 2003/04. Editorial de quarenta anos de Alexandre Herchcovitch para revista *Elle*.

Lookbook coleção Verão 2003/04.

S.B. **VOCÊ É NOSTÁLGICO?**

A.H. **JÁ FUI** bem mais ligado ao passado, hoje me cuido para não ficar preso a ele, mas nas coleções Verão 2011/12, Inverno 2013, Verão 2013/14, Inverno 2014 e Verão 2014/15, explorei à exaustão formas e acabamentos de roupas das décadas de 40, 50 e 60, quando ainda eram parcialmente manuais.

Já na coleção Verão 1996/97, cuja inspiração foi a década de 80, encontrei todos os tecidos para fazer roupa de banho numa loja que ia fechar no Bom Retiro. Fui com minha mãe até lá para comprar material de lingerie e soubemos do fato. Deparei com centenas de estampas multicoloridas, comprei um pouco de cada e aí comecei a ter ideias. Junto a esses tecidos pensei que o denim seria um bom complemento. Mais uma vez a escolha de tecidos deu a direção para uma coleção.

Voltando a sua primeira pergunta, quando mencionei que trabalhava com os clientes criando roupas únicas, tinha em minha casa uma coleção de tecidos antigos, por coincidência das décadas de 40, 50 e 60, incluindo as décadas de 1970 e 80.

Em São Paulo, visitava quase que diariamente armarinhos e lojas que só vendiam tecidos. Lembro também de ter feito viagens a Santos, Itu e outras cidades sempre em busca de um rolo de tecido escondido atrás do balcão ou empoeirado numa prateleira, tecidos muitas vezes considerados fora de moda, feios, esquisitos, manchados pelo tempo ou com defeito.

Eram eles os responsáveis por deixar as criações ainda mais únicas e exclusivas. Cheguei a ter mais de mil metros desses tecidos, que foram consumidos aos poucos por esses clientes e em desfiles. O desfile da coleção Inverno 1994 foi quase inteiramente confeccionado com esses tecidos e, adicionados a eles, tecidos elásticos novos com defeito de estamparia, o que causava um efeito novo de sobreposição de estampa, pois foram dobrados no momento da aplicação da estampa.

Na coleção Verão 2011/12, repeti a escolha desses materiais. Em uma loja que costumo visitar em Nova York, encontrei também escondidos tecidos antigos e manchados pelo tempo. Grande parte da ideia dessa coleção aconteceu exatamente no momento em que encontrei esses tecidos. Comprei tudo o que encontrei lá, cerca de uns cem metros. Usei parte para fazer roupas para o desfile e os reproduzi industrialmente para a coleção que seria comercializada. Escaneamos cada tecido para estampar em novas bases, sem corrigir as imperfeições e marcas do tempo.

Agora entro numa fase de negação, tento fazer roupas em que a década de referência não está clara, visível e óbvia. A atemporalidade é um desafio para mim.

* P. 177 - Desfile Verão 1996/97.

A.H. **Zezé** Araujo colaborou neste livro com matérias de jornais e revistas, roupas e memórias que ele tem de mim e minhas criações. Aqui um megamix de coleções: camiseta em renda tie-dye coleção Verão 1996/97, body usado como saia coleção Inverno 1998, Melissa Scarfun High, legging com detalhes em renda coleção feminina Inverno 2005, tudo de seu acervo. Obrigado, Zezé.

A.H. **Normanda,** amigo e cliente de peças sob medida, veste jaqueta perfecto em denim manchado caseiramente. Este tecido foi bordado com estrelas douradas. O sapato é da coleção feminina de Verão 2000/01. Camiseta com mistura de três estampas icônicas da marca, a Caveira, a Pomba-Gira e a Estrela de David, coleção Verão 2013/14, jaqueta e camiseta de meu acervo e sapato do acervo da Normanda.

Márcia Pantera

Márcia Pantera

JORGE WAKABARA

1:1

ALEXANDRE HERCHCOVITCH

J.W. **Existe** alguma coleção que hoje você olhe e se arrependa de ter lançado?

A.H. **Não** há.

J.W. **Alguma** vez você viu um look seu na rua e se espantou com o jeito como a pessoa o estava vestindo?

A.H. **Acredito** que já tenha acontecido, mas não me lembro ao certo. Porém acho muito interessante as diversas versões de minhas criações quando usadas por clientes, artistas e stylists em matérias de revistas.

A roupa é apenas um meio de comunicação, primeiro meu com o mundo e depois de adquirida ou usada, das pessoas com o mundo.

J.W. **Qual** foi a coisa mais inusitada que já disseram sobre o seu trabalho?

A.H. **Quando** ainda não havia críticos de moda escrevendo em jornais, colunistas sociais faziam esse difícil papel. Meu primeiro desfile, Inverno 1994, foi descrito como "trem-fantasma" num título de uma nota em uma coluna social. Achei estranho.

Além disso falam que minhas criações são caras, mesmo sendo mais acessíveis que as dos meus concorrentes. Também dizem que são difíceis de vestir, outro equívoco.

J.W. **Tem** quem diga que a passarela já é uma ferramenta ultrapassada no jogo da moda. Você, no entanto, usou a passarela desde o começo como principal meio de divulgação do seu trabalho. Você também acha que a passarela está se esgotando?

* P. 185 - Nota em coluna social no Caderno 2, *O Estado de São Paulo*, fevereiro de 1994, sobre desfile Inverno 1994.

e o Nabuco, ele
o para ser editor,
lista de lança-
para 94.
ápio estão obras
ler, Paz, Julien
rias de Sagan; o
nal de Philippe
Adélia Prado, Ro-
Lya Luft, Caio
Maria Adelaide
des como um li-
vanti que ensina
er; e mais, edita
e as entrevistas
com os princi-
eiros.

a Dois

w que chega ho-
perfil não auto-
Monteiro de Car-
red Suter.
z a lista comple-
moça. Das fases
ollor, em que es-
um motorista de
o.
lher.

le bóia

mada por Wladi-
Serroni reúne-se
a atacar na área
Agora, a dupla
ão da opereta
birons, de inspi-
stréia está mar-
arço. Como das
cenários de im-
erroni vai cons-
io do palco.

Trem fantasma

O desfile do estilista Alexandre Herchcowitz, anteontem, na Vila Olímpia, pode ser resumido em uma palavra: horror. O galpão foi pequeno para acomodar todo mundo, e mais da metade ficou em pé ou sentada no chão. O calor era insuportável, e não havia bebida nem água para todos.

As modelos foram enfeiadas ao máximo. Apareceram com os olhos borrados de preto, redes nos cabelos, chifrinhos na testa e algodão nos ouvidos, no melhor estilo defunto. As roupas, na linha desconstrutivista, não ajudaram. Com exceção das saias armadas atrás, interessantes, o que se viu foi um mix tão complicado que incluía casaquinhos de malha de lã, fininhos, com calcinhas douradas. Difícil de gostar. Mais ainda de usar. Nem Cláudia Liz e Paula Mott conseguiram se sair bem.

Na platéia, entre assustadas e atônitas, as pessoas comentaram sobre a "modernidade" do estilista. Era tudo o que dava para falar. No final, todos saíram surpresos com o estranho espetáculo.

A nota divertida ficou com Ângelo Leuzzi, que esperava Cláudia Liz na porta, no papel de maridão ciumento que busca a mulher na saída do trabalho. Bem careta. **(M.B.)**

O gord

As longas e p
de Jô Soares te
que ele desemb
As reprises
também termin
tador vai ter o f
ficar a par das
de fazer já na se
rem exibidas na
Os telespecta
têm de se prep
sências. É bem p
não esteja por a

Séquito

O homem ma
verno Maluf, pe
da quantidade d
la, Reynaldo de
meio isolado do
de Vias Públicas
presidente da E
andando pela C
apenas de um
dante-de-ordens
quem deve conc
Estado de São P

Madei

Otávio Mesqu
vo. Lança semar
polldo, o novo f
grama, que tem
ção. Apresenta
tora nova, a Perf
vide com Otávio
campanha nas
assinada pela Fi
o oficializa como
foto do anuncio

Prostitutas foram primeira clientela

O acabamento interno de suas roupas é irrepreensível. Afinal o estilista Alexandre Herchcovitch aprendeu a costurar aos 11 anos, com sua mãe, que fazia (e faz) lingeries. Peças que por um fio a mais irritam desastrosamente a pele.

Para garantir o conforto, muitas vezes o forro das roupas é confeccionado com tecidos mais caros que os da parte externa. Muitos clientes preferem vesti-las do avesso, com a etiqueta assinada com caveiras à mostra (*veja nesta página*) — que sempre vai pregada de cabeça para baixo no forro.

Quando começou a desenhar, na adolescência, imaginava modelos para sua mãe. Sonhava com o mundo da alta costura e jamais pensava fazer a street fashion que exibe agora. As roupas já incorporavam então detalhes muito pessoais: uma franja de grampos pretos de alumínio, daqueles de cabeleireira antiga, por exemplo.

Os primeiros modelos foram comercializados para uma clientela de prostitutas de rua e travestis: "Ainda faço algumas, porque dá para 'viajar' muito e, já que elas usam mesmo, faço com muito amor", diz Alexandre.

Em seu ateliê, no bairro do Sumaré, Herchcovitch se encarrega de toda as fases de produção da roupa: da estamparia ao desenho, do corte ao acabamento. Parte das peças são vendidas aí mesmo. Outra vai para as quatro lojas da rede Bolt em São Paulo.

Uma das metas para o próximo ano é Nova York, para a compra de tecidos e uma nova visita ao Fashion Institute of Technology (FIT), onde pode se inscrever para um curso. Figurinos para teatro e cinema são outro foco de atenção: é dele o modelão sado-maso que aparece em *Diário Noturno*, o elogiado média metragem de Monique Gardenberg. E também os figurinos da peça *O Estranho Mundo de Zé do Caixão*, que estréia na próxima sexta-feira, no Circo Voador, no Rio.

Tudo o que é usado, "malhado", lhe interessa mais que as coisas com aparência de novo. "Cortiço", uma das séries que apresenta no desfile de amanhã na Faculdade Santa Marcelina, é para ele "como o armário de um casarão abandonado no bairro de Campos Elíseos: você abre e está tudo apodrecido". O desfile é na realidade o seu terceiro: já fez dois em clubes (em março no Columbia e há dois meses na Rave, com uma coleção de bem-cortadas saias masculinas).

Outra marca registrada do estilista pode ser vista amanhã, na FSM: os coletes salva-vidas modelados com peças retiradas de aviões (e infláveis) estarão nas mãos de todos os modelos numa das sequências do desfile. (*A.M.*)

Herchcovitch desfila o cortiço e o hospício

O jovem estilista, conhecido por sua experimentação radical, desfila coleção amanhã, para graduação em curso de moda

ALVARO MACHADO

As freiras que administram o curso superior de desenho de moda da Faculdade Santa Marcelina vão torcer o nariz e aplaudir ao mesmo tempo. Entre os 43 formandos deste ano, o aluno Alexandre Herchcovitch, 22 anos — que as religiosas já chamaram "uma má influência" por suas ligações com a noite e o bas-fonds da Cidade —, faz o seu desfile de avaliação amanhã, às 12h, no anfiteatro da Faculdade.

O desfile é um passo para para o diploma — exigido na matrícula em cursos no Exterior —, mas também deve confirmar a personalidade de um autêntico criador, de uma ousadia em experimentação que desafia o gosto estabelecido, questiona as regras do jogo da moda e choca.

Há três anos as roupas do estilista são um "must" no circuito clubber, em especial pelos "modelões" sado-maso criados para a drag queen Márcia Pantera. A performática se movimenta no palco sinalizada por uma profusão de fechos, fivelas e zíperes: "Tudo o que fecha e amarra, elementos que não abandono até hoje", lembra Alexandre.

Musa fiel de Herchcovitch, Pantera é uma das modelos do "desfile de formatura", ao lado do clubber Johnny Luxo e de modelos da agência Elite. Num longo branco, a drag arrasta na passarela uma touca e um terço de prata de dois metros de comprimento cada um. A escola pediu três temas, e o estilista desenhou uma sequência de variações sobre circunstâncias de pobreza absoluta: Cortiço, Hospício — série que ele também chama "Vítreos" — e Tibete — no tom amarelo-ouro dos trajes dos monges budistas. Tudo vai aparecer com um certo exagero, superdimensionado. O autor não quer deixar dúvidas. Depois, as pinturas a mão serão estampadas em silk-screen, medidas readequadas etc.

A coleção de 40 roupas, para o inverno de 94, participa da tendência chamada "desestruturação" e leva um pouco além conceitos mostrados em passarelas do mundo inteiro este ano: simplicidade campesina, religiosidade medieval e o retorno da auto-imolação punk. Herchcovitch quer seus modelos descalços, sem maquiagem — exceto por faixas de fita crepe lacrando a boca e sob os olhos —, numa passarela de tecido branco em forma de cruz, símbolo que também aparece — invertido — na série Vítreos. O carro-chefe é uma série de "camisas-de-força" com mangas de dois metros de comprimento presas à cintura por cintas-ligas, um desenvolvimento dos camisetões do estilista. Há ainda falsas manchas de menstruação e púbis negros pintados nas lingeries, entrevistas sob transparências.

POBREZA E RELIGIÃO INSPIRARAM 40 MODELOS

A "pobreza" de Cortiço trabalha na realidade a riqueza dos signos do tempo. O estilista expõe tecidos à erosão: chuva, sol e ferrugem. Depois os coloca sobre moldura de acabamento esmerado. Camisolões negros em Helantex são desfeitos até revelar o fio — o meril, da Rhodia. Os espartilhos são confeccionados com a cintura de paletós antigos e exibem as entretelas de espuma: restringem a silhueta e criam volume sobre os quadris, remetendo à prisão voluntária do corpo na moda do alto século 19. Os usos são invertidos, o avesso vira o certo, o tecido é desintegrado até a microfibra. Herchcovitch parece querer encontrar a "alma" da roupa. Avant garde.

SERVIÇO

***Coleção Herchcovitch** — Desfile amanhã às 12h, no anfiteatro da Faculdade Santa Marcelina (Rua Dr. Emílio Ribas, 89, Perdizes). Entrada franca. 600 lugares.*

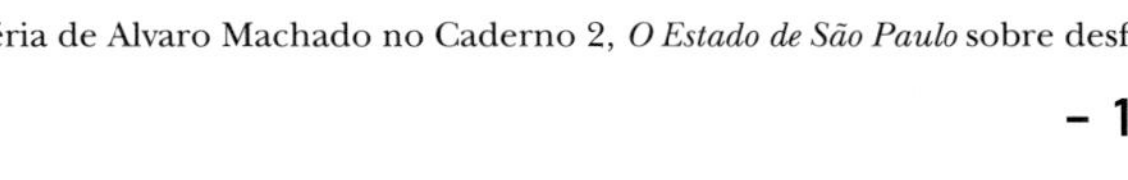

Herchcovitch ajuda modelo a vestir camisolão da série Hospício

Roupa da série Cortiço: ação do tempo e falso body-piercing

Matéria de Alvaro Machado no Caderno 2, *O Estado de São Paulo* sobre desfile de formatura em novembro de 1993.

A.H. **Apesar** de achar que não existe melhor maneira de ver uma roupa que no corpo e em movimento, essa fórmula está se esgotando, sim. Há muita coisa irrelevante sendo mostrada e isso banaliza o método de exposição. Mesmo ainda no segundo ano de faculdade, escolhi mostrar alguns trabalhos que seriam bidimensionais sob forma de desfile. Sempre entreguei mais do que me pediam. Em meu desfile de formatura, além do trabalho desenhado e escrito teria que fazer três looks. Fiz dezessete.

A.M. **Marcia** *Pantera integrou o casting do desfile de formatura de Alexandre. Na passarela em forma de cruz invertida, Pantera ajudou a mostrar o tema triplo: cortiço, hospício e mosteiro tibetano. Abrindo o desfile, seu look era composto de longo branco parecido com um hábito de freira, com uma grande cruz pintada à frente. Nas mãos, levava dois terços gigantescos de protoprata, respingando tinta cor de sangue pela passarela. Num modelo como um vestido camisa de força, Johnny Luxo exibia chifre metálico à testa e carregava um fórceps, a comprimir uma boneca-bebê também respingando "sangue".*

J.W. **Analisando** o percurso de estilistas brasileiros importantes que venderam suas marcas, você é o único que continua na sua. Por quê?

A.H. **Há uma** ligação íntima e profunda entre a marca que fundei e eu. Sempre fui muito cuidadoso com a imagem dela e o caminho que ela teve até agora, mesmo não sendo mais minha. Ela reflete o que penso e acredito e por isso é uma extensão do meu pensamento. Continuo nela por minha escolha, ainda tenho liberdade total de criação e isso é o principal para me manter lá.

* P. 189 - Johnny Luxo no making of do editorial especial Vogue 1995.

A.H. **Marcelo** Ferrari a.k.a. Marcelona vestindo camiseta única feita para ele no início dos anos de 1990, estampa PORNOGRAPHIC. Sempre o admirei de longe, mas um dia resolvi me aproximar para perguntar onde ele tinha comprado a camiseta que estava usando, que era da marca BOY London. Ele me olhou de lado e resolveu responder. Junto com a camiseta, ele vestia calça em vinil preta e cinto Triumph. Eterna inspiração. Bolsa pedra da coleção Inverno 2009 de meu acervo e camiseta do dele.

Desfile Inverno 2013.

Geanine Marques

ANDRÉ DO VAL

1:1

ALEXANDRE HERCHCOVITCH

A.V. **Quando** foi que percebeu que sua paixão se tornaria sua profissão?

A.H. **Percebi** que fazer roupa seria minha profissão quando criei a primeira peça. Logo depois, quando quiseram pagar por uma criação minha, veio a certeza de que seria isso que faria por um longo período da minha vida.

Tudo aconteceu entre os treze e os dezesseis anos de vida.

Se fosse começar tudo de novo hoje, acho que não abriria marca própria novamente. Os tempos são outros, tem muita gente aí fazendo roupa, não moda. Quando tive que assinar a primeira criação que vendi, não tive dúvida de que ela levaria meu nome próprio, nunca pensei em assinar com um nome inventado. Hoje é possível que fizesse produtos sem assinar.

A.V. **Você** pode comentar o imbróglio com o grupo Identidade Moda e como esse episódio mudou o modo de gerir a empresa? E como é a relação hoje com a InBrands?

A.H. **Quando** surgiu a oportunidade da compra da marca pelo Grupo Identidade Moda, eu trabalhava havia cinco anos na Cori como diretor criativo. Um trabalho que gostei muito de fazer e estava bem por lá. Porém fiquei tentado a dar um passo a mais com minha marca e também voltar a ser diretor criativo da Zoomp, marca que pertencia ao grupo.

Saí da Cori.

Já no Identidade Moda, pude retomar o trabalho com a Zoomp, na qual trabalhei de 1998 a 2002 na mesma função.

Paralelamente ao desenvolvimento das coleções na Zoomp, o grupo iniciou a gestão da marca H;A mesmo antes de o negócio ser fechado, tudo com minha permissão, já que estava certo que venderia para eles.

Mas algumas coisas não pareciam andar bem, a demora em fechar o negócio em si, a forma de pagamento sugerida por eles, entre outras coisas.

Foi então que dois grandes amigos me chamaram para uma conversa a fim de me alertar sobre quem estava por trás do grupo. Fizeram uma grande pesquisa e me convenceram de que estava cego e seduzido por uma proposta equivocada.

* P. 195 - Desfile Verão 2008/09.

Desfile Inverno 2013.

Desfile Inverno 2009.

Desfile Inverno 2011.

Mesmo antes de concretizar o negócio, já havia anunciado para a imprensa a venda da marca H;A a pedido dos donos do Identidade Moda, mas voltei atrás naquilo que nunca havia acontecido. Desliguei-me do cargo de direção criativa da Zoomp e por fim a venda para o grupo não se concretizou.

Logo que esse episódio acabou, ainda geri a marca H;A por um tempo até a venda para a InBrands, e durante esse período a gestão não mudou. O que mudou foi meu cuidado ao aceitar e analisar as propostas.

A.M. **Entre** *as alianças externas decisivas para o sucesso de Alexandre e da marca H;A, a consultoria em direito sempre representou um sustentáculo. Poucos conhecem tão intimamente o segmento como a advogada Maria do Céu Marques Rosado.*

Marques Rosado apoiou um dos mais importantes passos de Alexandre Herchcovitch, iniciado em 2008 e plenamente concretizado dois anos depois: a venda da marca que leva seu nome para o conglomerado de moda InBrands. A exemplo das principais marcas europeias de moda, que passaram à administração de grupos de negócios, Alexandre caminhou nessa direção.

Antes da negociação, porém, registrou-se um episódio que reflete com clareza a instabilidade do mercado de moda no Brasil. Um grupo comercial sem bases sólidas lançou-se à compra das principais marcas de estilo nacionais e depois de fechar alguns contratos fez a mesma proposta a Alexandre, oferecendo-lhe ao mesmo tempo a direção criativa da marca Zoomp – um dos principais pontos para o convencimento.

No entanto, a conselho de Paulo Borges, criador da SPFW, e da assessora de imprensa Tânia Otranto, colaboradores de longa data, o estilista e sua assessora jurídica informaram-se a fundo sobre a origem do grupo e conseguiram suspender o negócio antes da assinatura do contrato definitivo. Meses depois, a transferência de 70% da marca foi de fato concretizada, mas para o conglomerado de moda InBrands, que, em 2014, passou a reunir onze marcas.

A.V. **O que** espera da imprensa especializada em moda neste momento em que a produção e a distribuição de conteúdo podem ser feitas tanto pelo consumidor como pela própria marca?

* P. 201 - Desfile Inverno 2012.

Desfile Verão 2003/04.

Desfile masculino Verão 2011/12.

Desfile Verão 2010/11.

A.H. **Espero** que haja um equilíbrio entre o que ela foi e os novos tempos. Para falar de moda ou de qualquer outro assunto é preciso estudar, aprofundar-se e não ser raso. O que vemos hoje é uma piscina rasa, onde a água evapora com rapidez sem que haja reposição de conteúdo. Triste.

Já o conteúdo proveniente de cada marca é pura propaganda, e certa está a marca que faz isso, que detém a informação e que a passa da maneira que lhe convier.

Os consumidores têm hoje mecanismos que facilitam a expressão num mundo onde todos querem manifestar suas opiniões.

A.V. **Como** você planeja sua aposentadoria? E quem assumiria a "Maison Herchcovitch" caso seu fundador não trabalhasse mais nela? Por quê?

A.H. **Não** tenho planos de parar de trabalhar na marca que fundei. Meu trabalho lá é tão diversificado que consigo satisfazer muitas das minhas vontades como criador. Não sei quem assumiria a marca em meu lugar, não penso nisso, pois não é um problema meu e ainda está longe de aparecer. Confesso que nunca planejei nada do que aconteceu em minha vida profissional, porém ando pensando no que ainda quero fazer. Sem dúvida ter uma vida mais tranquila está nesses pensamentos, o que não significa ter menos funções, e sim ser mais objetivo ainda, dividir meu tempo com sabedoria e delegar mais. Essa história de que em moda tem que trabalhar além do horário, finais de semana, madrugadas, não funciona mais comigo. A minha coleção Inverno 2015, por exemplo, estava pronta dez dias antes do desfile e a prova de roupa foi feita num dia de semana entre oito da manhã e seis da tarde, uma semana antes da apresentação.

Cozinhar, editar livros, fotografar, são assuntos que já estão em prática, além de passar adiante o que acredito ser moda.

* P. 207 - Desfile Verão 2011/12.

Desfile Verão 2003/04.

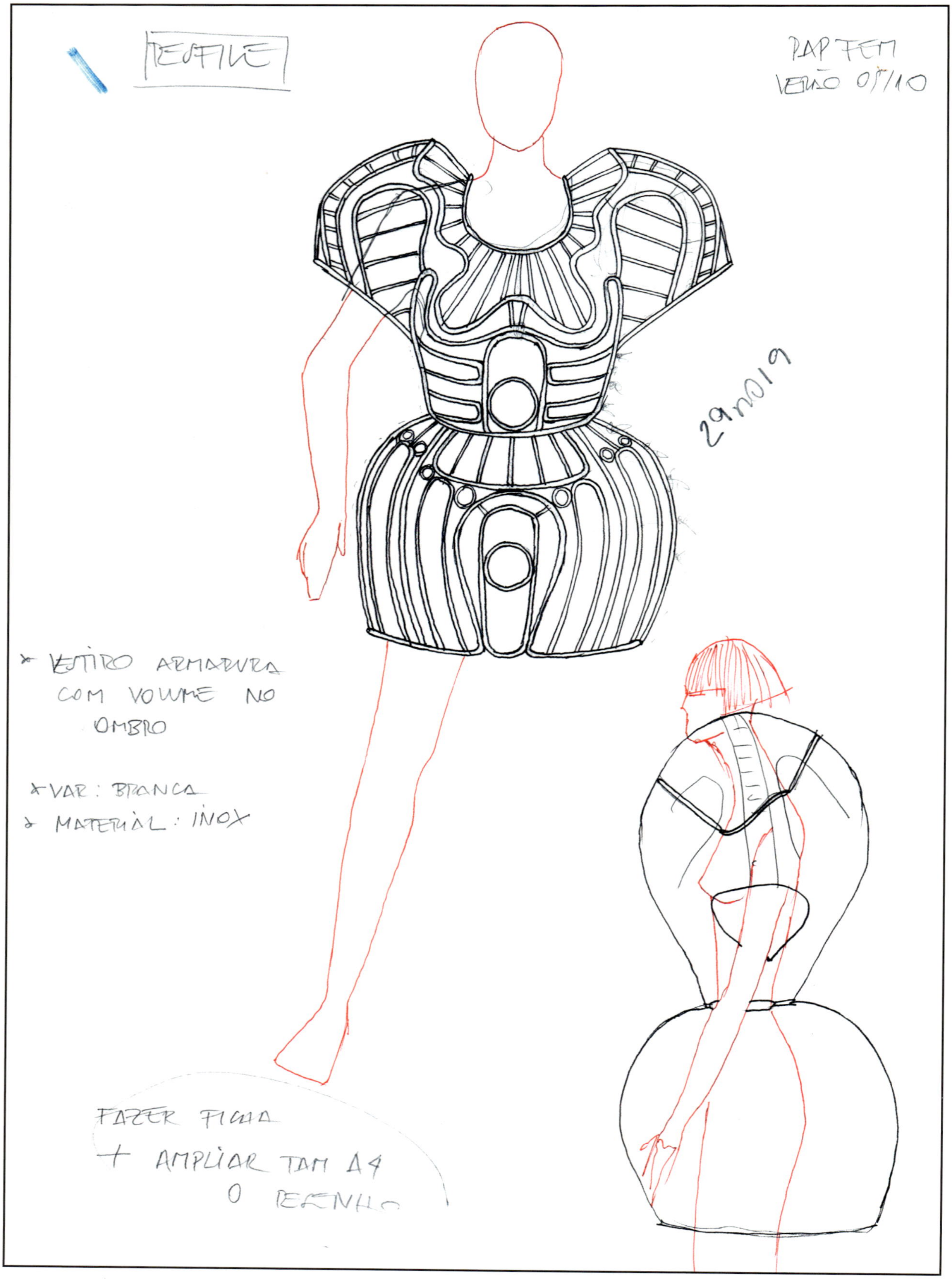

Desenho da estrutura para o vestido da página ao lado. Frente e lateral.

Último look do desfile Verão 2010/11.

MARCIO BANFI

1:1

ALEXANDRE HERCHCOVITCH

M.B. **Livros** costumam ensinar, portanto qual seria seu maior ensinamento de moda para quem está começando?

A.H. **Meu** maior ensinamento é, e sempre será, dizer que a moda deve ser uma forma de expressão genuína do indivíduo que optou por ser criador. Cada um de nós é como uma impressão digital, completamente único, e nossas particularidades nos difereciam de nossos vizinhos e de nossos concorrentes de trabalho, portanto buscar em si argumentos para a criação é o que sempre preguei e insisto em passar adiante.

Um estilista mais completo é mais eficiente. Saber executar todos os processos de confecção de uma roupa, além de conhecer tecidos, entender de adequação da matéria-prima ao desenho, saber o preço do minuto em máquina e de todos os insumos de uma peça, faz com que o desenho em si fique em segundo plano e a ideia prevaleça. O mais difícil é ter uma boa ideia.

A.M. **Em lugar** *dos desenhos artísticos, característica de muitos estilistas, Alexandre utiliza croquis técnicos, ideais para dar largada à produção industrial de cada modelo. Feito em transparência sobre um desenho estilizado da figura humana sobre uma folha tamanho A4, o desenho da roupa é acompanhado de anotações de comprimento e largura de cada segmento, além da descrição dos tecidos e acessórios visados, gerando, assim, uma autêntica "ficha técnica". "Escrevo tudo o que posso porque, assim, ninguém terá muita dúvida depois. Para mim, é como a ficha técnica de um parafuso ou de um copo, com centimetragens, diâmetros de curvas descendentes etc."*

O assistente de estilo digitaliza, então, toda a informação dos croquis para fichas computadorizadas. Alexandre desenvolveu técnica especial para treinar os assistentes: deixa incompleta a metade esquerda de seu desenho para que seja feita com traço idêntico ao seu, exceto em casos de peças assimétricas. Dessa maneira, em dois anos os colaboradores terão assimilado o traço e o estilo da marca, tornando-se aptos a criar e desenhar.

A ficha técnica traz, ainda, dezenas de campos escritos para inserção de informações sobre cores, tecidos, matérias-primas e acessórios, fornecedores, quantidade dos materiais utilizados etc. Com a digitalização dos desenhos e de suas legendas – detalhadas ao máximo –, toda a linha de produção ganha acesso simultâneo à criação. Põe-se então em movimento o mecanismo que faz a roupa "acontecer".

* P. 213 - Desenho da estrutura para o vestido p. 211. Costas.

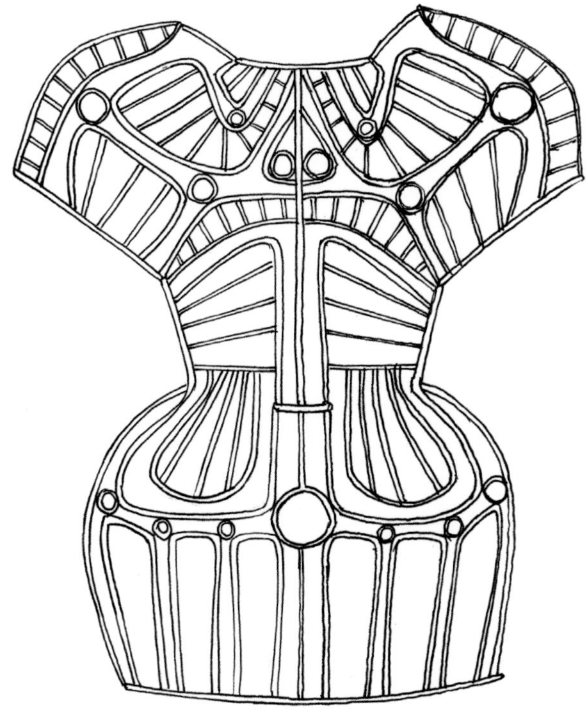

Vestido da coleção Verão 2014/15. Costas.

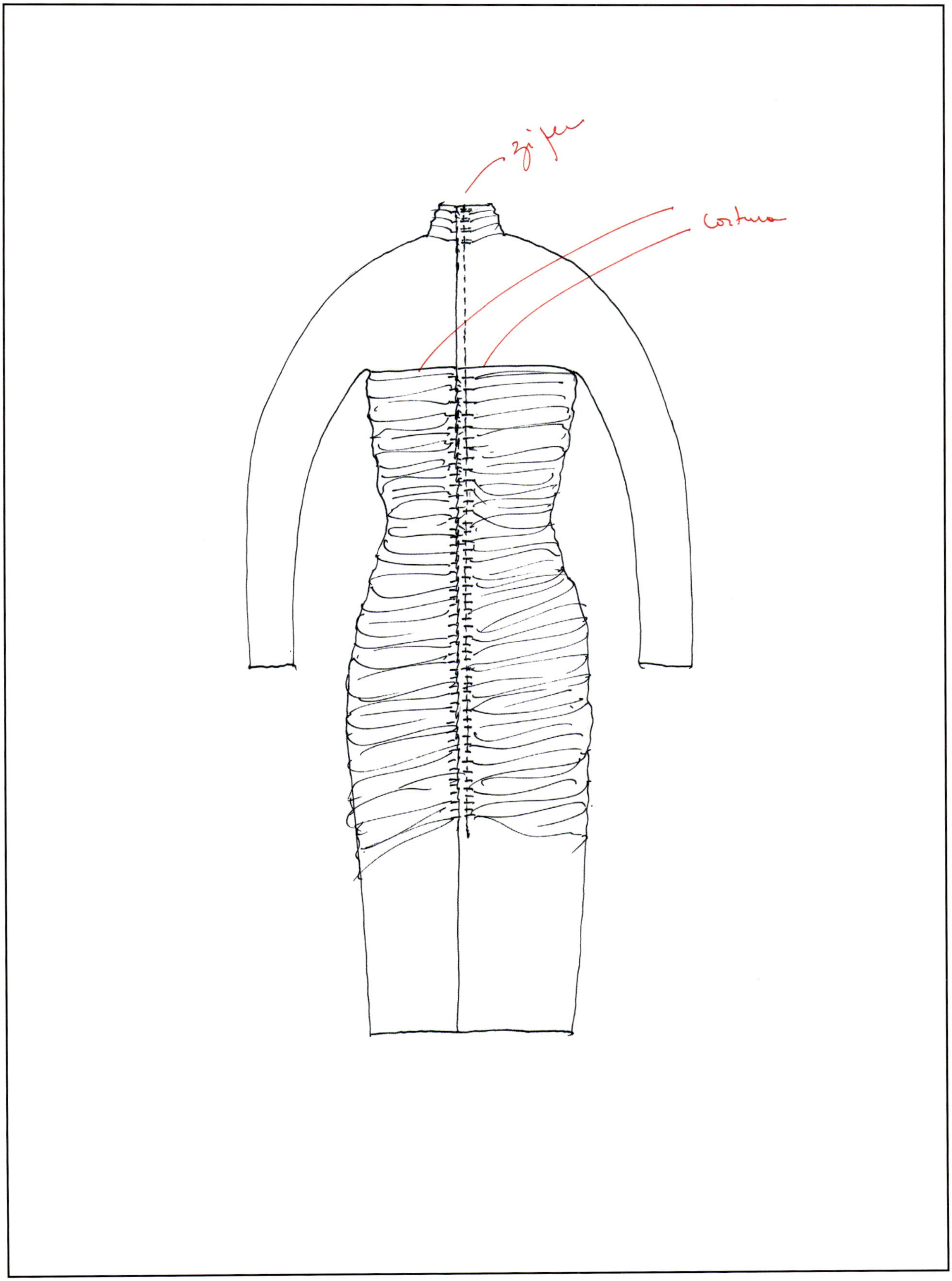

Desenho do vestido da coleção Verão 2014/15. Costas.

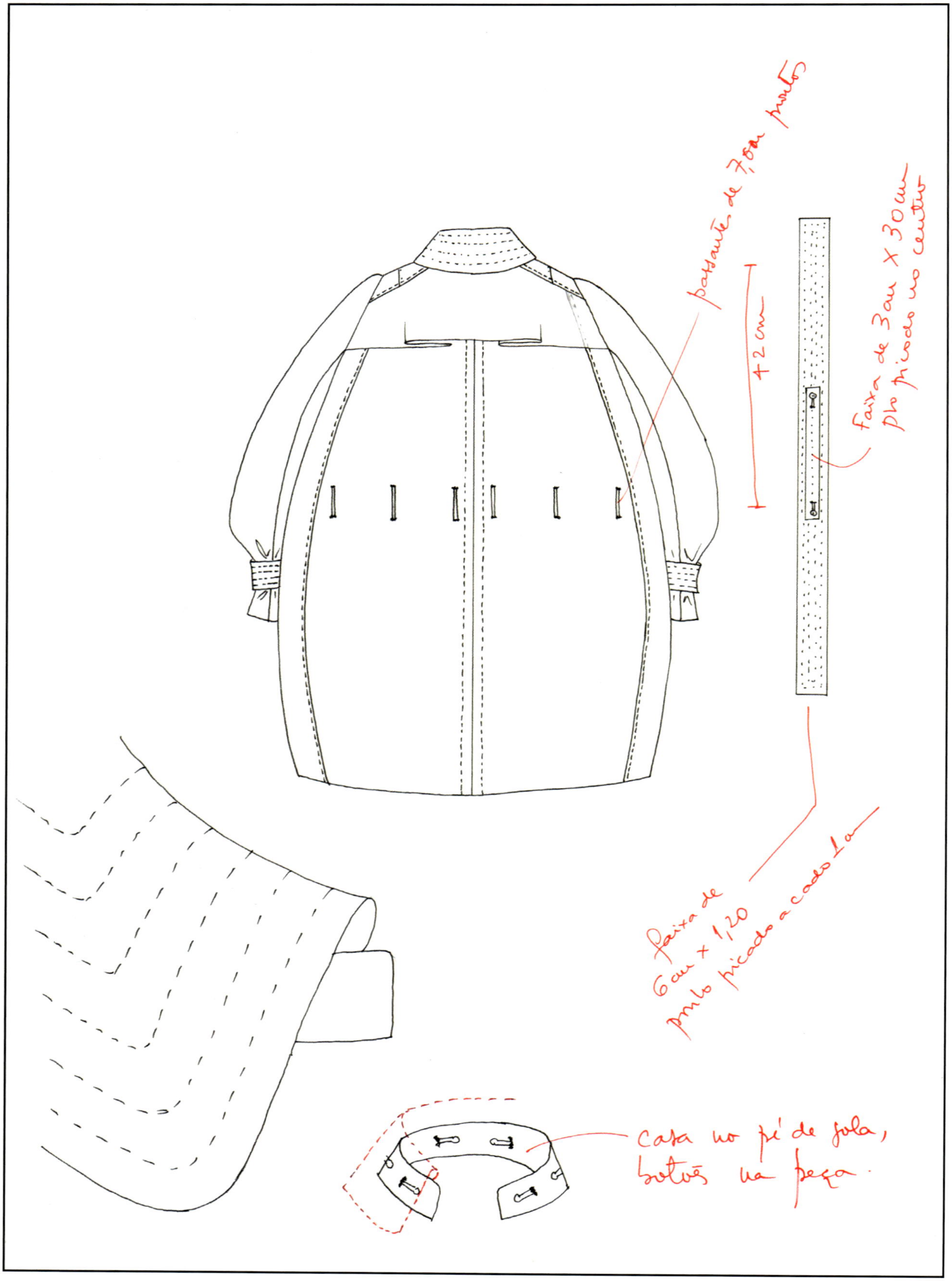

Desenho casaco Inverno 2012. Costas e detalhes.

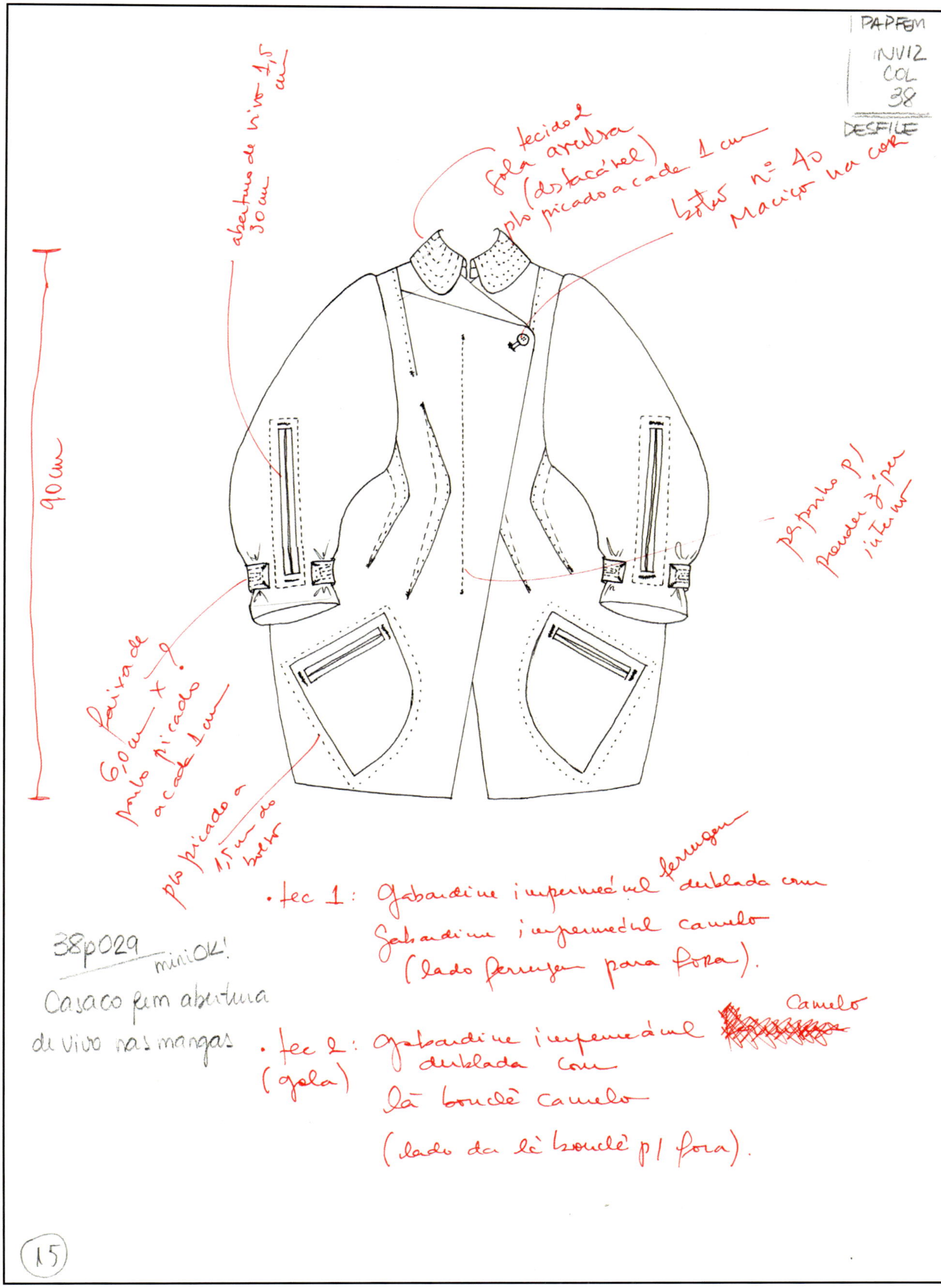

Desenho casaco Inverno 2012. Frente.

M.B. **POR QUAL** DOS SEUS ATRIBUTOS COMO CRIADOR VOCÊ GOSTARIA DE SER LEMBRADO?

A.H. **GOSTARIA** de ser lembrado como uma pessoa corajosa, que não teve medo de se expor. E também pela minha ausência de preconceitos, já que sempre busquei trabalhar com diversas fontes de inspiração, temas, cores, formas, gêneros. Objetividade e poder de síntese são as bases do meu trabalho e por elas gostaria de ser lembrado.

M.B. **VOCÊ** GOSTARIA DE FAZER ALGUMA PARCERIA COM ALGUM ARTISTA PLÁSTICO? QUAL?

A.H. **NINGUÉM** em especial. Trabalhar com o Maurício Ianês há tanto tempo não deixa de ser uma longa parceria com um artista plástico, porém não se apropriando de sua obra, e sim misturando os pensamentos.

Durante todos estes anos, poder contar com Maurício serviu como contraponto ao meu pensamento, muitas vezes engolido pelo dia a dia de uma confecção, onde o tempo é dividido em várias tarefas, inclusive criar.

Em suas visitas semanais, ele questiona as ideias que eu já tinha como finalizadas, indicando possíveis novos caminhos. Juntos, chegamos a um acordo.

Eu trabalho em equipe e funciono como um editor, muitas vezes a melhor ideia não é a minha, e sempre sigo em frente com a ideia que considero a melhor.

M.B. **QUAL** A PEÇA DE ROUPA (OU PEÇAS) DE SUA CRIAÇÃO VOCÊ ACHA MAIS ICÔNICA?

A.H. **TENHO** grande estima pela camiseta da Pombagira, o desenho foi tirado de uma embalagem de perfume.

A saia-calça, ou saia com duas pernas, criada para a coleção Inverno 1996 e repetida muitas outras vezes de maneiras diferentes.

Recentemente criei um vestido em neoprene de cetim duchese com cristais, que penso ser a síntese de uma fase.

* P. 219 - Casaco desfile Inverno 2012.

Desfile Verão 2011/12.

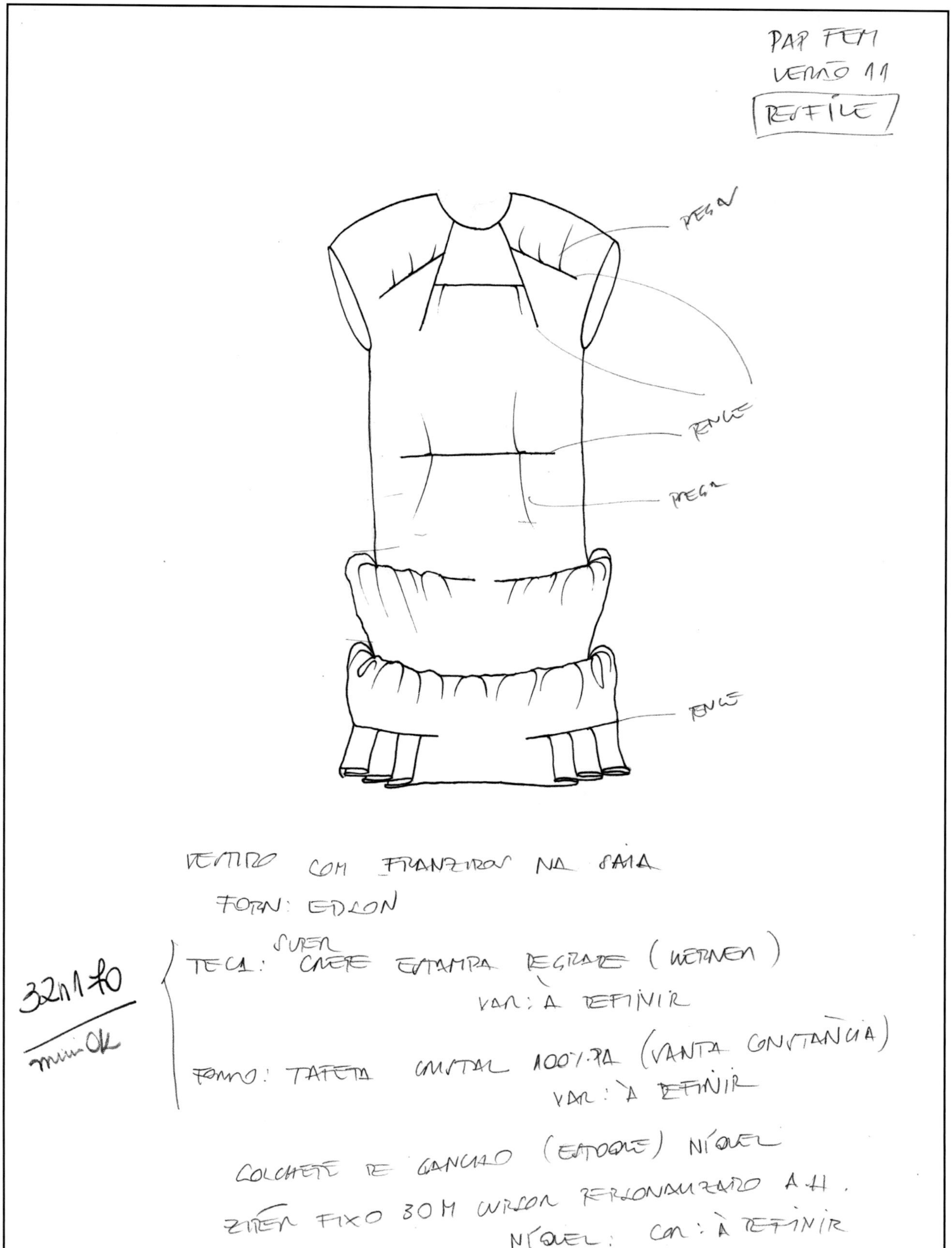

Desenho de vestido da coleção Verão 2011/12. Frente.

Desfile Inverno 2010.

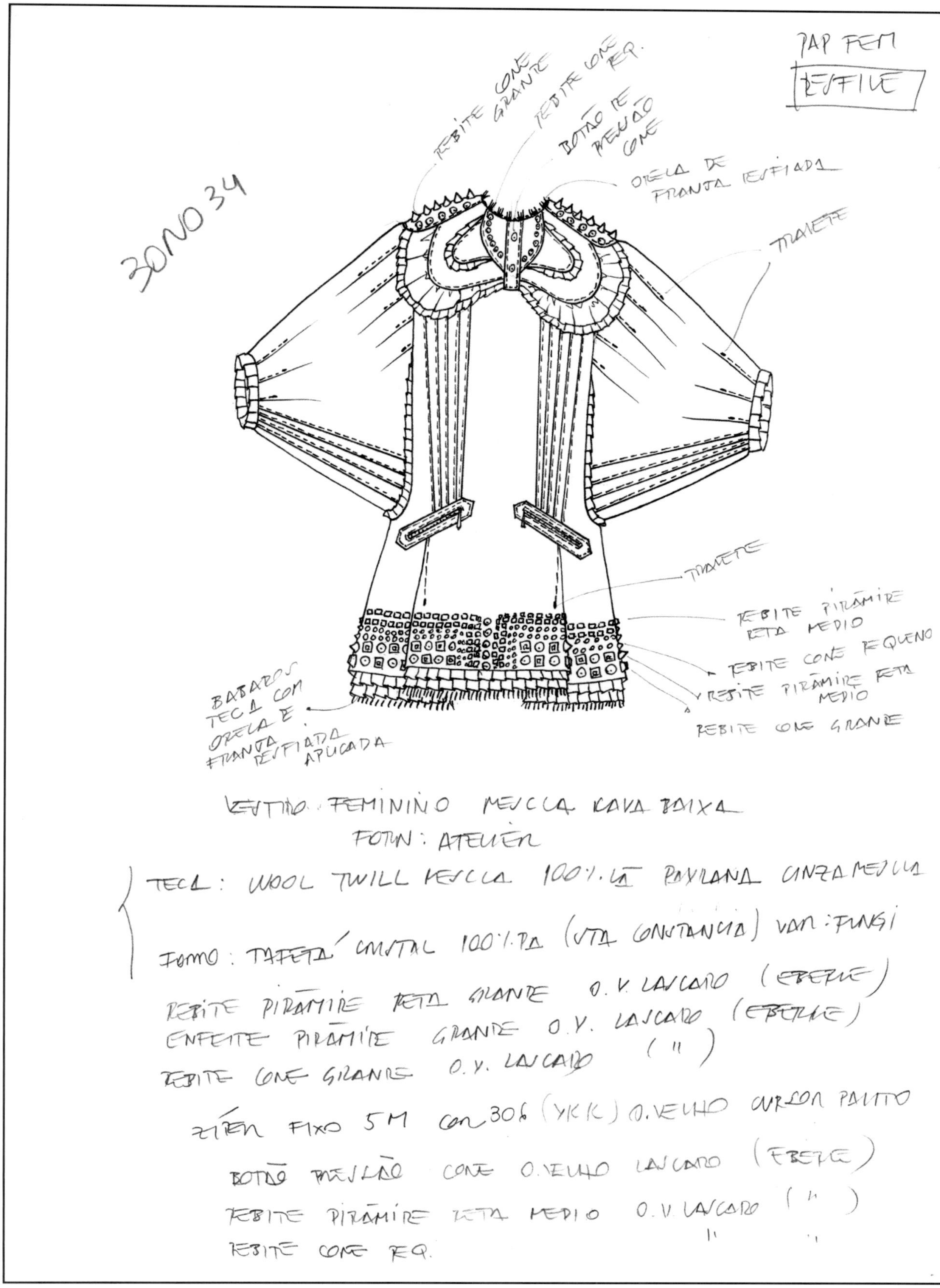

Desenho vestido coleção Inverno 2010. Frente.

A.M. **Entre** *os modelos da "Coleção MM", despontou uma peça-chave para a compreensão do pensamento de moda do estilista.*

O vestido, cortado como tomara que caia e com comprimento abaixo do joelho, foi todo executado em neoprene, depois incrustado com cristais negros. Sua forma citava diretamente o modelo de festa usado por Regina Herchcovitch em 1980, cujo desenho recebeu sugestões de Alexandre.

O motivo de o vestido ser considerado "peça-chave" reside na estruturação de todos os looks da coleção com o auxílio do neoprene. Muito usada em trajes de mergulho, essa espuma rígida com meio centímetro de altura forneceu a estrutura-base de muitas das roupas do desfile, assim como sutiãs especiais em formato bicudo, que também modificaram a silhueta das modelos.

A peça foi especialmente desfilada pela modelo Aline Weber, que com o cabelo descolorido como o da estrela das telas dos anos 1950-60 deu destaque ainda maior à roupa.

M.B. **É possível** aprender a ser criativo?

A.H. **É possível**, depois de treinar muito o cérebro para criar. O mais difícil, porém, é não cair na cilada das fórmulas. Elas são facilmente percebidas e logo se esgotam.

Uma vez escutei de uma importante jornalista inglesa que até o terceiro desfile pode-se esperar repetições de uma fórmula, porém do quarto desfile em diante alguma novidade, alguma evolução é esperada.

Ser criativo em moda não significa fazer a roupa com três mangas, seis pernas etc. Criar novas linhas de produtos, reutilizar tecidos em estoque, modificar matérias-primas e adequá-las a uma ideia específica, explorar ao máximo um tema e extrair dele o maior número de produtos, dirigir uma equipe, preparar-se para defender uma ideia em uma reunião, entre outras tarefas, são exemplos de outras facetas necessárias para ser criativo em moda. Há um mau entendimento sobre a profissão de estilista. Sentar e desenhar é a menor parte do meu dia.

Mas confesso que nascer com essa habilidade é muito mais fácil do que tentar aprender.

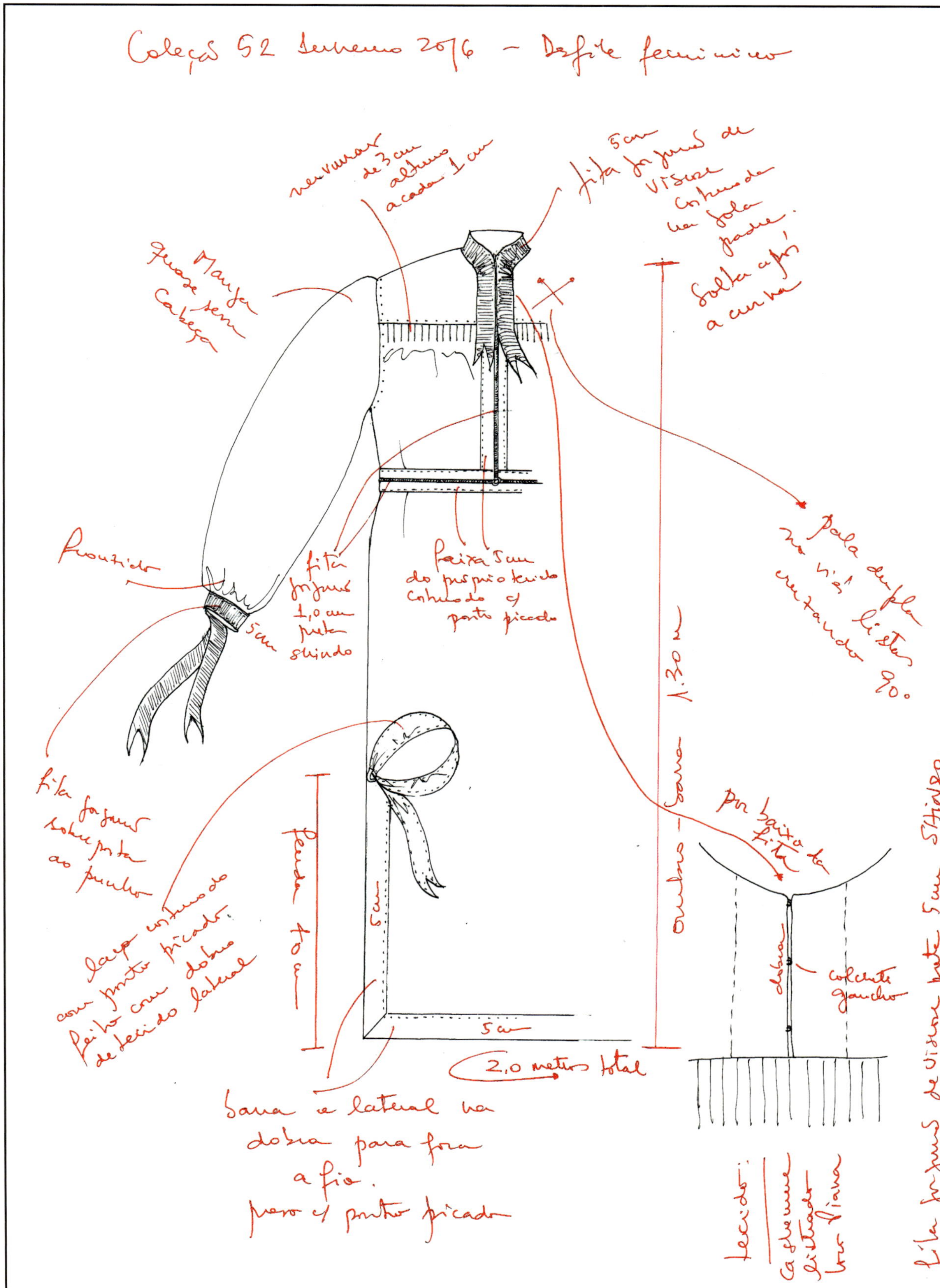

Primeiro desenho para o desfile feminino Inverno 2016.

Prova de roupa do desfile Verão 2014/15.

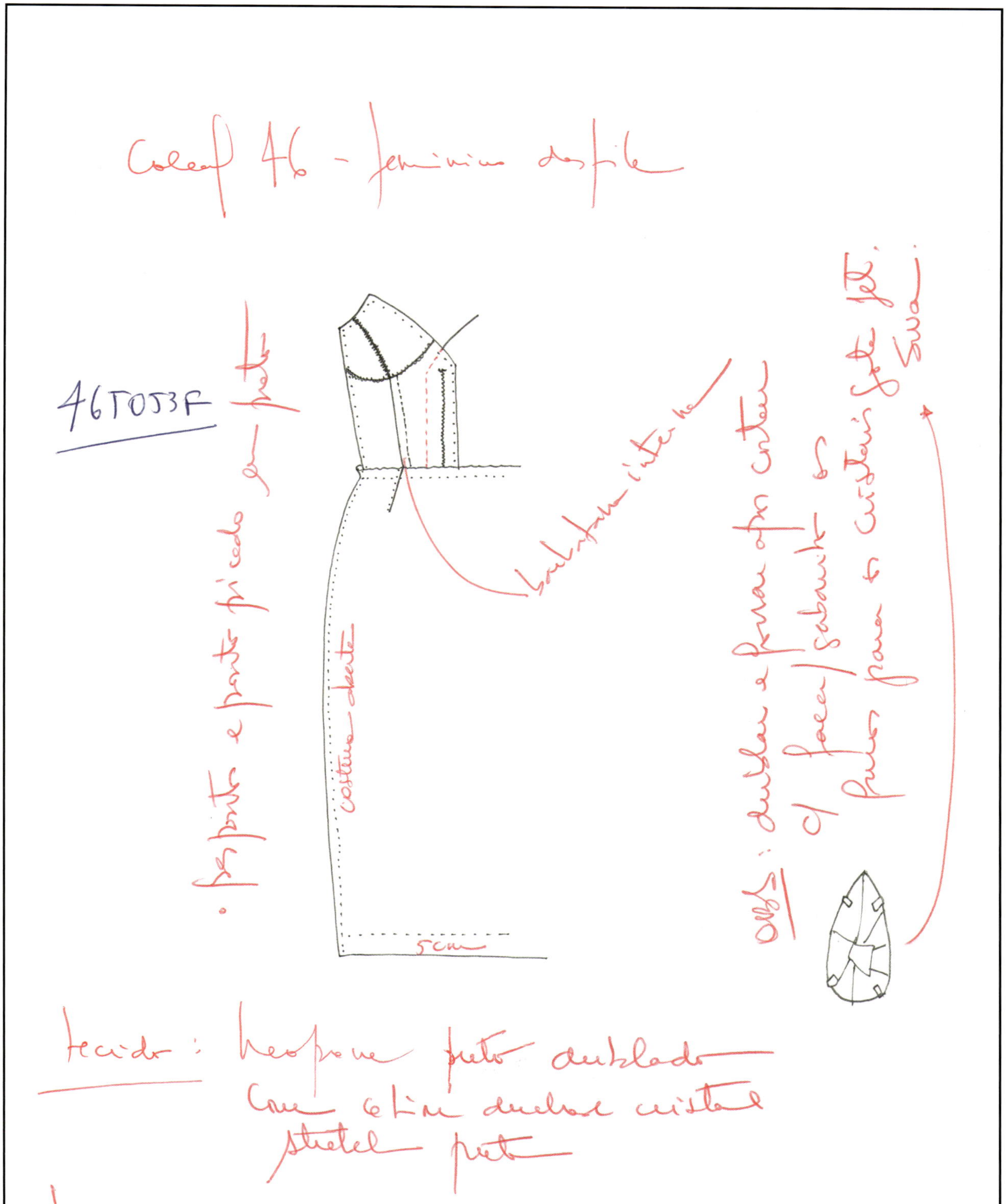

Desenho de vestido da coleção Verão 2014/15. Frente e costas.

Desfile Herchcovitch Inverno 2012.

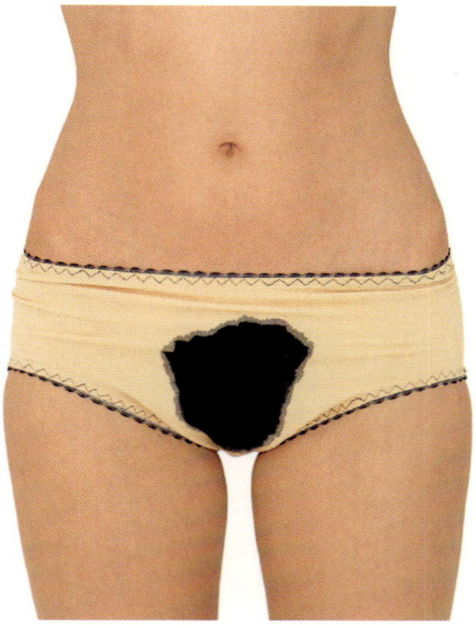

Calcinha do desfile de formatura.
Faculdade Santa Marcelina, novembro de 1993.

CHARLES COSAC

1:1

ALEXANDRE HERCHCOVITCH

C.C. **Você** é de família judia praticante, foi educado em colégio e frequentou cultos religiosos judaicos. Tudo isso impressiona muito, sobretudo infantes e adolescentes. Posteriormente, em suas coleções você lançou mão de diversos ícones de diversas religiões, da Estrela de Davi à Iemanjá. Não creio que você tenha usado a moda como arena de discussão do sincretismo religioso, mas qual teria sido sua intenção ao "coisificar" tais imagens sacralizadas?

A.H. **De fato** nasci numa família judia, porém não praticante. Comemorávamos algumas festas mais importantes sempre com jantares na casa de minha avó paterna, Golda. Família toda reunida, tios, primos, amigas de minha avó. Comida boa, conversas, às vezes uma briguinha, nada diferente das outras famílias. Estudei minha vida inteira em colégios judaicos e grande parte dos estudos eu fiz no colégio Iavne, em São Paulo, que era tão rígido a ponto de meninos e meninas estudarem em classes separadas. A reza era obrigatória, ou pelo menos frequentar a reza. Eu nunca rezei, apenas mexia os lábios para fingir, pois os rabinos ficavam rondando para ver se estávamos rezando. Eu não era o único, muitos faziam o mesmo. Confesso que era a hora mais chata do dia. Nunca entendi o motivo das religiões terem ícones, já que, para mim, falar com Deus é uma coisa muito íntima. Não vejo a necessidade de mostrar que estamos falando com ele, nem mesmo através de gestos mostrar a qual religião pertencemos... Tudo estranho. Porém sempre achei esses símbolos interessantes, bem-feitos, bem pensados, começando pela cruz, que é perfeita e simples. A Estrela de Davi, mais presente em minha vida, também é um símbolo atraente, é como uma mandala, de todos os ângulos ela é a mesma. É um símbolo de uma nação, está em uma bandeira e ao mesmo tempo é um símbolo religioso... Curioso demais isso tudo. Quando fui a Israel, não encontrei a Estrela de Davi em camisetas ou outras peças de vestuário, mas queria muito ter uma camiseta com esse símbolo, então a fiz. Sei que os judeus eram obrigados a usar esse símbolo durante a Segunda Guerra para que fossem identificados, por isso entendo o motivo de a camiseta não ter sido sucesso entre eles. Fui criticado, porém a peça teve boa aceitação pelos demais.

Nunca escondi minha religião, apesar de questioná-la o tempo todo. Ao mesmo tempo que usei a Estrela de Davi em algumas criações, as imagens da Pombagira e da Iemanjá também foram temas de homenagens. Lembro que no meio da década de 90, quando estava falando para um público grande sobre minhas

* P. 231 - Desfile Rosa Chá por Alexandre Herchcovitch Verão 2010/11.

A.H. **Geanine** Marques, amiga e modelo que mais desfilou para a marca, veste calcinha em denim coleção Inverno 1995. Casaco em denim e pele sintética de carneiro coleção Herchcovitch Inverno 2012, sapato forrado com tecido de estofamento de avião coleção Inverno 1995, peças de meu acervo.

HERCHCOVITCH;ALEXANDRE

Desfile Inverno 2003.
* P. 234 e 235 - Campanha Inverno 2013.

Desfile Inverno 2003.

Desfile Inverno 2004.

recentes criações e minha breve trajetória, na tela de uma sala de cinema mostrei a imagem de Márcio (Marcia Pantera) desfilando a camiseta da Pombagira. Muitos fizeram o sinal da cruz na plateia e sussurraram durante alguns muitos segundos. Hoje não é mais assim. Minha intenção sempre foi tornar normal o uso de símbolos religiosos, mesmo que eles não sejam da crença de quem comprou a peça; somente pela beleza da imagem ou pela beleza da roupa, nada além disso.

C.C. **Nós dois temos sangue semita e nascemos no Brasil. Como você vê essa dualidade cultural? Você já fez uso dela em suas atividades profissionais? Os costumes de Karol José Wojtyla o inspiraram? Houve algum outro personagem?**

A.H. **O Brasil** abrigou a todos, é um país múltiplo. Trajes religiosos sempre fizeram parte de meu imaginário criativo. Os judeus não têm exatamente um traje que possa ser comprado em lojas especializadas para o uso diário, mas existem alguns utensílios para a hora da reza que não são usados na rua. O que há é um conjunto de regras para se vestir: mulheres têm que se cobrir de certa maneira, usar peruca ou lenço, homens invariavelmente estão de terno preto, que, junto com a barba e o chapéu, facilita identificá-los. De outras religiões, a cor branca, batas, tudo o que achei interessante e pude usar, incorporei de alguma maneira. Não há nenhum personagem em especial que tenha me instigado a ponto de fazer uma coleção específica. O conjunto daquilo que vejo e vi até agora no que diz respeito a vestimentas religiosas me intriga. O fato de alguém se vestir especificamente para ser identificado como parte de um grupo me interessa, e os uniformes são outro exemplo disso.

A.M. **A coexistência** *mais ou menos pacífica de mundos antagônicos na rotina do jovem Alexandre: das sete da manhã às quatro e quinze da tarde a convivência com o visual inteiramente fechado da escola. O que costumava ver enquanto havia luz do sol? Os rabinos de terno e chapéu pretos – com os quais tinha aula de hebraico – e suas mulheres professoras em vestidos de gola alta e comprimento pela canela, mangas longas, meias e sapatos fechados. As meninas em classes separadas. Os alunos em uniforme clássico, já que bonés e outros*

* P. 241 - Desfile Verão 2003/04.

Desfile Verão 2003/04.

acessórios são terminantemente proibidos. Paradoxalmente, todas essas pessoas escondiam ciosamente o corpo, de maneira idêntica ao libertário ídolo musical Boy George. A profunda vivência dessas formas de vestir não seria em vão: no futuro o ajudaria tanto a enriquecer o estilo de toda uma coleção masculina (Inverno 2012) como a entender e propor renovação do estilo de uma marca tradicionalmente voltada à sobriedade feminina, a Cori, que dirigiu por cinco anos. "O fato de as pessoas do colégio ortodoxo cobrirem quase totalmente o corpo talvez tenha feito minha cabeça oscilar entre revelar de maneira provocante partes estratégicas do corpo e cobri-lo totalmente, fazendo com que ele 'suma' e não diga muito como é. A imaginação funciona", pondera Alexandre.

C.C. **ANTES** DE INICIAR O CURSO DE MODA NA FACULDADE SANTA MARCELINA, VOCÊ CURSOU UM ANO DE ARTES PLÁSTICAS NA FAAP. EM 1996 TAMBÉM TEVE UMA EXPOSIÇÃO SUA NA GALERIA THOMAS COHN. EU O CONSIDERO ARTISTA DESDE QUE O CONHECI, ESTOU CORRETO? SE VOCÊ FAZ A DISTINÇÃO ENTRE MODA E ROUPA, HÁ TAMBÉM DE FAZER ENTRE ARTE E COISA. QUEM É SEU GRANDE MESTRE DO SÉCULO XX OU XXI?

A.H. **TENHO** dúvidas se sou um artista ou não, prefiro achar que não sou, acho pretensioso. Melhor ser estilista até quando me tornar outra coisa. Ter exposto e criado trabalhos de arte foi uma experiência repleta de significados para mim. Apesar de tudo, confesso que fico confuso ao analisar um trabalho de um artista, pois muitas vezes não tenho opinião. É como gostar ou não de uma coisa, não dá para discutir, o artista o é dependendo do olho de quem vê.

C.C. **CAVEIRAS**, LAÇOS E CORAÇÕES SÃO ÍCONES RECORRENTES NA MODA DO SÉCULO XX. ALEXANDER MCQUEEN É DE 1969, VOCÊ DE 1971. OS DOIS USAM OSTENSIVAMENTE A SILHUETA DA CAVEIRA EM SUAS COLEÇÕES. COMO VOCÊ VÊ ISSO? HÁ OUTROS EXEMPLOS COMO ESSE?

A.H. **VEJO** como uma coincidência, já que desenvolvi o gosto pela caveira quando criança. Nunca me abalei com a comparação sempre infundada e sem argumentos suficientes, mas insinuando que copiei McQueen. Como explicar que gosto de caveira desde a tenra infância e que seria praticamente impossível para uma

* P. 245 - Desfile Verão 2002/03.

A.H. **Marina** Dias veste body coleção Inverno 1994 e tricô feito com fios de couro coleção Inverno 2000. Body acervo Normanda e bota acervo Marina Dias.

criança prever que alguém na Inglaterra com a mesma idade seria um estilista como eu e que usaria o mesmo símbolo? Há, de fato, um mundo em comum que foi explorado por ambos de maneiras bem diferentes, mas sempre contestadora e inquieta.

A.M. **O CRÂNIO** *descarnado, a ossatura da cabeça, a caveira humana. A imagem, estampada ou bordada pelo estilista em camisetas desde 1987, funcionou como símbolo oficial da marca H;A a partir de 1994, quando a etiqueta de suas roupas já incorporava duas caveiras ao lado da assinatura e era costurada de cabeça para baixo (erro de uma costureira, que Alexandre resolveu manter). Desde então a figura é estampada em produtos que vão de canecas de café a lençóis, de isqueiros a roupas de bebê, respondendo por um significativo índice de vendas dos licenciamentos da marca há mais de dez anos. Se houvessem permitido, estaria também em uma série de curativos Band-Aid.*

Em geral símbolo de morte para as gerações anteriores à do estilista, a caveira foi sempre imagem de vida para ele, seus clientes e seguidores. Alexandre contribuiu para a inversão de sua polaridade na cultura contemporânea brasileira. "Os ossos não se decompõem depressa como a pele, que a partir do momento em que está fora da estrutura do corpo vira algo como um tapete sujo. Ao contrário, para mim ossos e dentes representam permanência." Amante de esqueletos desde criança – iniciou aos oito anos sua coleção de brinquedos, souvenirs e arte com esse tema – e fascinado pela "beleza da cavidade vazia do olho", Alexandre assustou-se quando quiseram lhe ensinar que a caveira era "feia" e que significava morte: "Nunca estabeleci esse paralelo".

C.C. **ESTAMPAR** O PÚBIS SOBRE UMA ROUPA DE BAIXO JUSTAMENTE ONDE ELE ESTARIA, ASSIM COMO AFIXAR O SINAL "NOIVA" EM UMA NOIVA SÃO GESTOS DE IRONIA? SE NÃO, O QUE SERIAM? HÁ OUTROS EXEMPLOS?

A.H. **SÃO GESTOS** de ironia que refletem minha personalidade. Já que desfilar sem calcinha sob uma camisola translúcida causaria muita controvérsia, por que não desenhar os pelos pubianos numa calcinha? Ao menos a modelo não estaria nua, não é mesmo? Avisar através de um crachá que aquela roupa de cor clara, rodada e com corpete, que encerrou o desfile, é um vestido de noiva foi de alguma maneira uma ironia ou um protesto contra a mesmice que era o formato de desfile

* P. 249 - Desfile Inverno 1995.

NOIVA

POMBA GIRA

Desfile Verão 1995/96.

tradicional, no qual a noiva é a cereja do bolo, sem falar na própria noiva e seu previsível traje. E ainda por cima uma noiva em meu desfile, ou seja, ironia em cima de ironia. Nesse desfile particularmente falei sobre ícones decadentes, anos 1940, sobre viúvas e seus trajes, daí pensei: por que não ter uma noiva? Voltando à sua segunda pergunta e juntando com o tema desta, criei uma camiseta com a sobreposição de três estampas icônicas da marca. A caveira, a estrela de Davi e a Pombagira, nada melhor que três símbolos como esses te protegendo... para quem acredita. Na coleção Verão 1995/96, quando abordei a maneira intuitiva como velhinhos e velhinhas se vestem, misturando décadas, sobrepondo histórias, voltei a trabalhar com ícones decadentes: misses (modelos com faixas de Miss Santa Catarina, Univerno e Simpatia – Geanine Marques), estampa.

A coroa de Miss Universo tinha ao centro um crânio.

A.M. A MISTURA *da forma da caveira com as grandes orelhas de Mickey Mouse, no início dos anos 2000, representa o clímax de ironia e iconoclastia pop, além de uma espécie de autocitação: aos treze anos, Alexandre visitou a Disneyworld, o que se reflete nas estampas de várias coleções até hoje. O crânio da caveira recebeu, ainda, aplicação do bem feminino laço vermelho, característico da personagem Hello Kitty.*

Triângulo de pelos pubianos pintados sobre a calcinha feminina ou pelos na parte correspondente às axilas em camisetas, mamilos desenhados no tecido do vestido, no mesmo lugar que os esconde: no comentário plástico-conceitual de alta ironia, ou mesmo paradoxal, não há nem transparência nem nudez, mas a "metonímia do pelo pubiano", como o próprio estilista define. "Não se trata nem mesmo de trompe l'oeil, é como uma nova camada de pelos adquirida, um novo item corporal."

Os pelos pintados em todos os lugares correspondentes no corpo, de maneira a dar a ilusão de nus, tornaram-se base dos figurinos desenvolvidos para a coreografia Nó, *da Cia. de Dança Deborah Colker, que estreou na Alemanha em 2005.*

Variação da pintura pubiana sobre a roupa, os tapassexos aplicados diretamente no corpo – em lugar da lingerie e da roupa – são realizados pelo estilista com know-how emprestado de figurinistas de escolas de samba. No entanto, na inversão da inversão, alguns são executados em tecido de lã xadrez característico da alta alfaiataria. Ao mesmo tempo, nos looks femininos que empregam esse item, as áreas afastadas da zona dos genitais são generosamente cobertas de tecidos.

Na primeira coleção desenhada para a marca Rosa Chá, Inverno 2010, na função de diretor de criação, Alexandre demarcou em preto a área pubiana, criando assim um foco

* P. 253 - Desfile Zoomp por Alexandre Herchcovitch Inverno 2008.

Desfile Rosa Chá por Alexandre Herchcovitch Inverno 2010.

Desfile Verão 2009/10.

poderoso para o olhar. Delimitada em preto na estamparia de dezenas de peças, a área sublinhada eram calcinhas, bodies, anáguas etc. Na coleção, o estilista mistura à inspiração em lingeries trajes de mergulho, que costumam ser tão justos quanto a lingerie hoje mais em voga.

C.C. **COMO** NA MITOLOGIA E NO FOLCLORE UNIVERSAIS, VOCÊ CRIOU "SERES" COM RABOS DE CAVALO, APRESENTOU MODELOS COM CHIFRES E SUA MODA DOS PRIMEIROS DEZ ANOS SEMPRE BEIROU A ANDROGENIA. QUAIS SÃO AS FONTES? VOCÊ, POR FAVOR, FALARIA MAIS SOBRE ESSE ASSUNTO?

A.H. **O GÊNERO** e sua mistura sempre me intrigaram. Hoje sei claramente o porquê. Não gosto de limitações. Gostaria que não houvesse gênero para cores, tecidos e roupas, e nisso sempre insisti. Não vejo a cor pink como sendo feminina ou masculina, é uma cor. Muitas vezes, a sociedade e a cultura de certas regiões atrapalham tudo, nomeiam tudo, rotulam tudo. Você já nasce torcendo por um time, sendo de uma religião e às vezes até com uma profissão.

Voltando às minhas fontes, o *trompe l'oeil* dos gêneros, androgenia e transexualidade me fascinam.

A.M. **ELEVADO** *à condição de ícone mundial da moda transformista, Boy George promovia o apagamento das distinções de gênero sexual, o que desde sempre interessou a Alexandre. Entre outros exemplos, todas as peças apresentadas em seu emblemático desfile de formatura não eram nem de homem nem de mulher, abolindo momentaneamente a questão de gênero sexual. "Apesar de ser um homem incrivelmente bonito sem maquiagem" – na percepção de Alexandre –, o cantor e sua atitude confirmavam a visão do estilista de ser possível ampliar o repertório do vestir misturando-se os itens mais interessantes dos guarda-roupas masculino e feminino: "Isso não era novo, David Bowie e o glam rock já tinham feito nos anos 1970, mas a quantidade de mídia nos 1980 era bem maior e o videoclipe* [Karma Chameleon] *'explodiu' como fenômeno de moda e cultura. Fiquei sem fôlego ao assistir pela primeira vez". Boy assumia contornos de referência heroica para um aluno de colégio ocasionalmente vítima de bullying por aplicar mechas coloridas nos cabelos, ou até mesmo por usar gel fixador: "Hoje meninos descolorem o cabelo e ninguém questiona sua sexualidade. Que alívio essa barreira ter caído".*

* P. 258 e 259 - Espetáculo *Nó*, Cia de Dança Deborah Colker, 2005.
* P. 261 - Desfile Inverno 1998.

A.H. **Emerson** Gomes, modelo de prova da marca Herchcovitch;Alexandre há dez anos, veste macacão-colete coleção Verão 2007/08 de meu acervo.

A.H. **Ana** Claudia Michels, a modelo e amiga que melhor veste minhas criações masculinas, aqui com macacão-smoking coleção masculina Verão 2010/11.

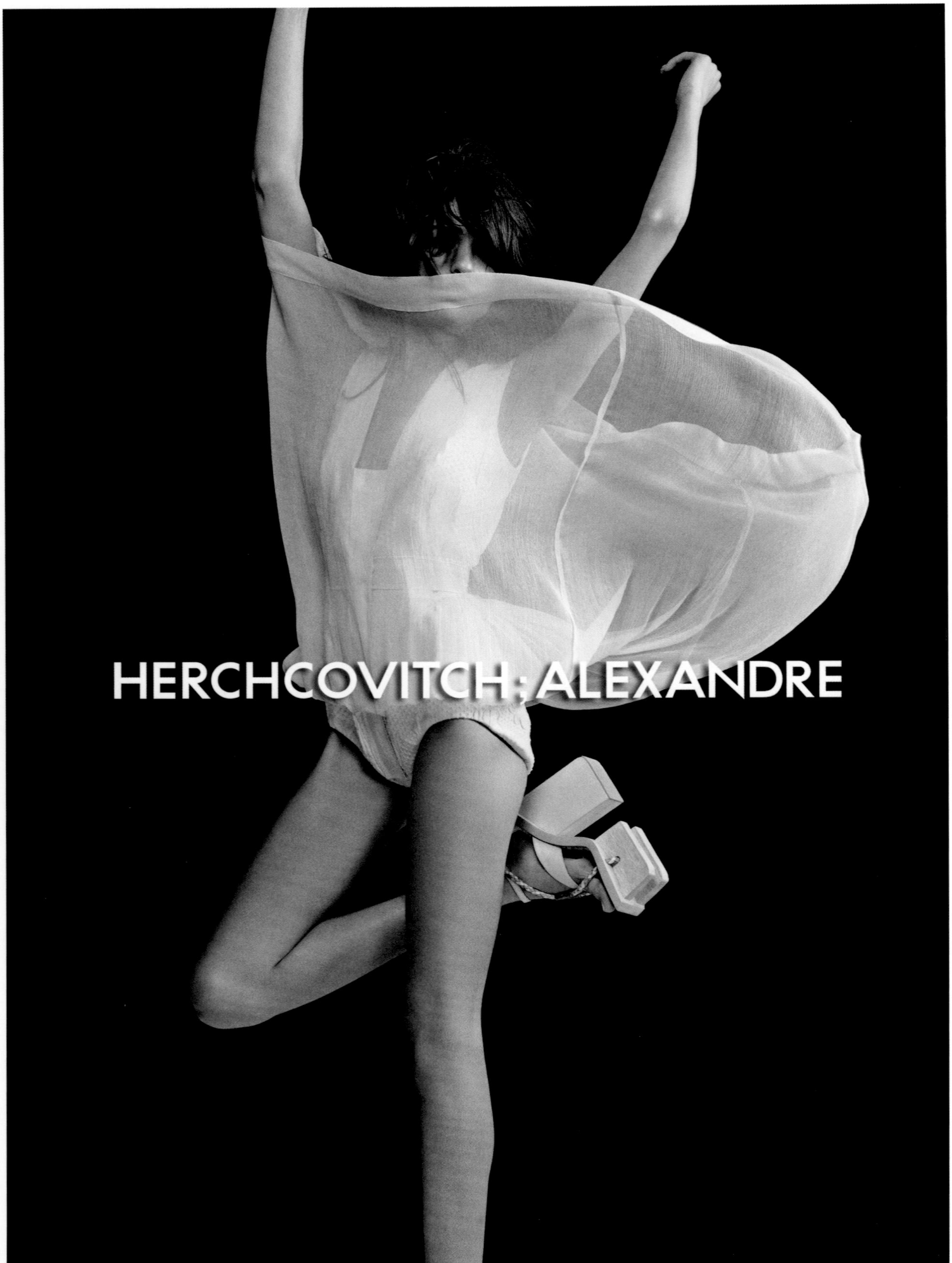

Campanha Verão 2015/16.

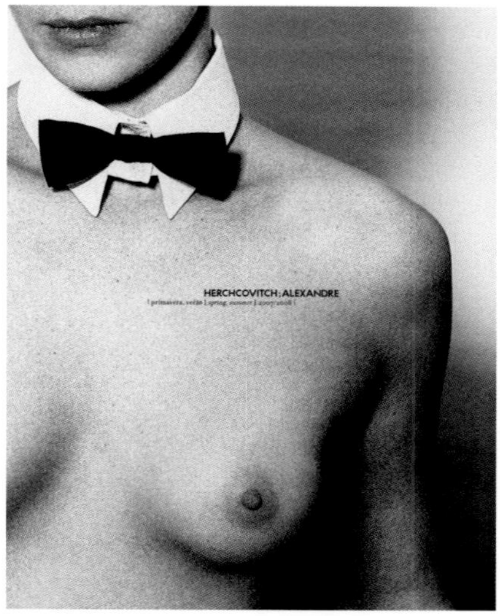

Campanha Verão 2007/08.

DANIEL RAAD

1:1

ALEXANDRE HERCHCOVITCH

D.R. **A transgressão** é o fio condutor das criações? Por quê?

A.H. **Nem** sempre é. Não crio pensando em transgredir. Em alguns casos, a maneira que eu penso uma coleção e seu detalhamento levam a crer que tive a intenção de transgredir, mas isso é natural, sempre foi. Essa característica ficou mais acentuada no início de minha carreira, quando meus questionamentos eram latentes e apareciam em toda e qualquer criação. Com o passar do tempo, como já havia questionado tudo que queria, tudo ficou mais ameno. Discussões sobre gênero e religião, por exemplo, eram uma constante, hoje não são mais.

D.R. **Como** determinar o final da carreira criativa?

A.H. **Difícil** saber qual a hora certa de parar de produzir, de criar. Será impossível, para mim, parar.

D.R. **Você** acredita que ainda exista inovação criativa na moda mundial?

A.H. **É muito** raro ver algo novo na moda e acredito que não esperam mais novidades nessa área. A inovação está nas misturas de ideias ou mesmo na tecnologia têxtil. Co-brandings inusitadas são talvez uma forma de inovar na moda. Se há pouca inovação, de alguma maneira, o público, em sua maioria, rejeita. Estamos num momento em que tudo é possível, outrora a moda e sua forma mudavam lentamente e poderiam durar até uma década, mas hoje tudo já foi reexplorado, modificado, misturado. Não há nada que possa ser identificado como uma moda de 2015, por exemplo, assim como acontecia até a década de 80. Posto isso, assume-se que tudo já foi feito e refeito.

D.R. **Você** é conhecido pelas suas criações de identidade única. Gostaria de entender como é o processo para a criação para coletivos e em série. Como ocorreu na sua experiência com a criação de uniformes?

* P. 269 - Campanha Verão 1996/97.

ALEXANDRE HERCHCOVITCH
SÃO PAULO :Al. Franca, 631 • Tel: 288-8085
NOVA IORQUE: Patricia Field • 10 East 8th St. • Tel: (001-212) 254-1699
Hotel Venus • 382 West Broadway • Tel: (001-212) 966-4066
LONDRES: Tel: (0044-171) 727-2486

HERCHCOVITCH; ALEXANDRE

Campanha Inverno 2001.

Campanha Verão 2003/04.

Campanha Verão 2006/07.

HERCHCOVITCH; ALEXANDRE

A.H. **A EXPERIÊNCIA** de criar uniformes implica pensar em algo que seja de identificação coletiva. Um bom exemplo e talvez o melhor deles foi a criação de uniformes para todas as posições do restaurante McDonald's. O processo de pesquisa foi importante para que chegássemos a um design democrático, já que vestiria mais de 60 mil funcionários.

Entrevistei um representante de cada posição do restaurante de cada região do Brasil para entender principalmente as diferenças climáticas e como o uniforme afetava o desempenho no dia a dia desses lugares. Um dos pedidos dos funcionários foi que criasse um uniforme que os aproximasse do cliente, e não que os tornasse ainda mais distantes. Após um tempo de reflexão, chegamos a uma proposta para os atendentes (maior número de funcionários): calça jeans, camiseta polo, boné e tênis – ideia que foi aceita de imediato. A partir disso criamos os uniformes das outras posições, como chapeiro, McCafé, *drive-thru* etc.

Outra grande experiência foi criar os uniformes dos Jogos Pan-Americanos (2003) e das Olímpíadas (2004). Falamos com um representante de cada esporte, exceto futebol, para entender os movimentos de cada modalidade, no que a roupa poderia ajudar e atrapalhar e principalmente o que eles esperavam das roupas. No total foram mais de trezentos desenhos, número superior ao de uma coleção, incluindo o uniforme de pódio. Após o uso dos uniformes nos Jogos Pan-Americanos em Santo Domingo, República Dominicana, recebemos o feedback sobre o que criamos e fizemos pequenas modificações para as Olimpíadas em Atenas.

Figurinos de peças de teatro, cinema e dança são trabalhos constantes em meu cotidiano. Cito aqui o figurino para o espetáculo *Nó*, da Cia. de Dança Deborah Colker, em que pude exercitar de uma nova maneira minha fixação por lingerie, corpo, gênero e ironia. Mais uma vez, pelos pubianos e de outras partes do corpo foram representados por recortes de tecidos em cor preta e vermelha, além de acentuar os mamilos. Cores clássicas da H;A, como cor de pele, vermelho e preto sempre em tecidos elásticos, muitos babados nos quadris e uma forte dose de fetiche. Considero esse figurino um dos meus grandes trabalhos.

A.M. **OS LICENCIAMENTOS** *respondem por parte importante do funcionamento da H;A no grupo InBrands, com cerca de 40% do volume de negócios da marca. Após o fechamento dos contratos, monta-se uma estratégia de criação com as várias possibilidades em torno de um item. O licenciado aprova as criações ou solicita adaptações.*

* P. 277 - Campanha Inverno 2006.
* P. 274 e 275 - Campanha Verão 2001/02

HERSCOVITCH ALEXANDRE

SÃO PAULO
Jardins
Morumbishopping
TÓQUIO
Shibuya
HERCHCOVITCH;ALEXANDRE
RIO DE JANEIRO
São Conrado Fashion Mall
alexandreherchcovitch.com
AUTUMN/WINTER 2010

ALEXANDRE

HERCHCOVITCH

"Com esse tipo de contrato, um grande número de pessoas que se identificava com a marca, porém sem acesso aos itens de número limitado, ganhou a oportunidade de ter algo assinado por mim", assinala Alexandre. A marca evoluiu sua expertise para colocar seu DNA na mais variada gama de produtos: "Descobriu-se, assim, que temos muitos públicos diversos, com todos os tipos de orçamentos pessoais. Esse processo já aconteceu há tempos com estilistas da Europa e dos Estados Unidos, e investir em diversificação com o apoio de um grupo industrial foi a melhor coisa que nos poderia ter acontecido". O estilista direciona a equipe que cria esses produtos e os aprova.

"Pela quantidade de itens, muitas vezes nos comparam a Pierre Cardin, que, em sessenta anos, licenciou de vinhos a louças sanitárias. Mas não é um bom exemplo, ele apenas emprestava seu nome, sem um controle de criação, e acabou perdendo a mão. Todos os produtos com a marca H;A, absolutamente todos, são de nossa autoria."

Em doze anos, entre os contratos findados e os ainda vigentes, os licenciamentos alcançam heterogeneidade inédita para uma marca brasileira: mochilas, malas de viagem e carteiras; surfwear e skatewear; jeanswear; calçados de plástico injetado; artigos de cama, mesa e banho; uniformes; óculos; amenities para quartos de hotéis; móveis; tapetes; tecidos reciclados; linha casa; isqueiros; curativos; joias; meias e cuecas; louças de porcelana; celulares; revestimentos de notebooks; cadernos, entre outros.

D.R. **VOCÊ** TEM UM OLHAR APURADO, CONCEBE IMAGENS FORTES E INOVADORAS DESDE O INÍCIO DA SUA TRAJETÓRIA, SEJA COMO FOTÓGRAFO, ESTILISTA OU STYLIST. QUAIS AS SUAS MAIORES IDENTIDADES VISUAIS?

A.H. **FAZER** com que repensem conceitos seria talvez uma identidade marcante em meu trabalho. Ter a oportunidade de me expressar também através da criação de imagens, mesmo que produzidas sem usar peças criadas por mim, em editoriais e figurinos para cinema, ou como fotógrafo, são meios interessantes de expandir meu olhar. Em todos esses casos, trabalhar com total liberdade é um ponto fundamental.

* P. 278 e 279 - Campanha Inverno 2010.
* P. 280 e 281 - Campanha Inverno 2012.
* P. 283 - Campanha Inverno 2015.

HERCHCOVITCH; ALEXANDRE

HERCHCOVITCH; ALEXANDRE

Desfile Inverno 2013.
* P. 284 e 285 - Campanha Inverno 2014.

Desfile Inverno 2013

PAULO BORGES

1:1

ALEXANDRE HERCHCOVITCH

P.B. **Depois** de vinte anos, o que te inspira para criar uma coleção? Os estímulos são os mesmos?

A.H. **Sim**, são os mesmos. A construção, novos caminhos de como fazer uma roupa, temas desafiadores, mudança de hábitos do consumidor.

P.B. **O que** é belo? E o que é feio?

A.H. **Não há** como discutir esse assunto já que os parâmetros são individuais.

A.M. **Alexandre** *foi além dos padrões culturais vigentes ao incluir uma parcela ampla de tipos físicos no universo da moda, decorrente de sua vocação de incorporar todas as referências pulsantes à sua volta, sem exceção.*

"Ao contrário do usual, em meu desfile de formatura para o curso de moda não foi contratada nenhuma modelo profissional: desfilaram colegas de classe, amigos, meu irmão, Marcia Pantera, Johnny Luxo e alguns 'desconhecidos', indicados por amigos em comum. Em meu primeiro desfile oficial, Inverno 1994, além desses e da amiga Geanine Marques, me foram apresentadas possibilidades de incorporar algumas top models. Por que não? Então, entre johnnies e geanines, surgiram Claudia Liz, Betty Prado, Paula Mott, Virginia Punko... Formou-se aí um casting extremamente heterogêneo, a ponto de se dissolver o padrão 'modelo de passarela': todos se tornaram 'normais'."

Para Alexandre não importava altura ou peso, e sim o rosto, o jogo de diferenças tipológicas entre as pessoas desse elenco. No ápice da heterogeneidade do casting, estiveram no mesmo desfile seis transexuais. Num outro, que abriu com três mulheres com mais de dois metros de altura, o amigo Renato Ackerman desfilou com uma cobra nas mãos e houve uma modelo com cabelo de 1,55 metro. "Lembro que a crítica de moda Cristina Franco comentou, no telejornal Hoje*, da Globo, sobre eu ter 'exagerado na personagem'."*

P.B. **O mundo** se move por ondas. Olhando para os próximos vinte anos, você sente quais novas ondas se espalharão?

A.H. **Acredito** que o simples e o essencial com qualidade serão mais apreciados.

P.B. **Qual** o maior aprendizado destes vinte anos?

A.H. **Não esperar** que o trabalho seja cem por cento de sua felicidade.

* P. 289 - Desfile Inverno 2008.

Desfile Verão 2007/08.

Desfile Verão 2009/10.

Desfile Verão 2010/11.

Desfile Inverno 2010.

Desfile Verão 2011/12.

Bastidores desfile Inverno 2014.

Desfile Inverno 2011.

Desfile Verão 2010/11.

Bastidores do desfile Inverno 2009.

Desfile Herchcovitch Verão 2012/13.

JAPA GIRL

1:1

ALEXANDRE HERCHCOVITCH

J.G. **Quando** você sabe que é um bom momento para dar o pontapé inicial para uma nova coleção: o calendário, uma viagem ou o quê?

A.H. **Mesmo** antes de terminar uma coleção já tenho que pensar na próxima, não por querer, mas pelo tempo que demanda o desenvolvimento de uma coleção e seus componentes. Se não tenho nenhuma boa ideia em mente, a obrigação de recomeçar me pressiona a eleger uma.

Se nem assim chegar a uma boa solução, independentemente do tema, inicio a criação por peças básicas, necessárias para compor uma coleção, como um casaco preto, um terno, uma camisa branca... São peças que não precisam carregar o tema em todos os seus aspectos. Deixo para mais tarde a outra parte da coleção, na qual o foco temático deve ser claramente identificável.

Há tempos não viajo em busca de inspiração, foi uma prática quando trabalhava para Zoomp e Cori. Pela Cori viajei em busca de inspiração para Marrocos, Polônia, Japão e muitas vezes busquei informação lendo ou vendo imagens de lugares que me instigavam. Hoje viajar não é essencial para criar.

J.G. **Quais** os melhores filmes de todos os tempos, em termos de figurino?

A.H. **Dos que** assisti: *Ligações perigosas* (dirigido por Stephen Frears), *Drácula de Bram Stoker* (dirigido por Francis Ford Coppola) e *As horas* (dirigido por Stephen Daldry).

J.G. **Você** tem uma peça assinada, guardada com todo o carinho, que está acima do bem e do mal?

A.H. **Guardo** algumas camisetas que estão muito usadas e que são de grande valia para mim, como a camiseta do Mickey Mouse que comprei na primeira viagem que fiz à Disney, uma regata preta de Bali com uns esqueletos bordados que comprei de um ambulante no Guarujá, a primeira camiseta da Pombagira que eu mesmo estampei, uma camiseta da marca Anonimato com estampa do Boy George que

* P. 301 - Desfile Verão 2000/01.

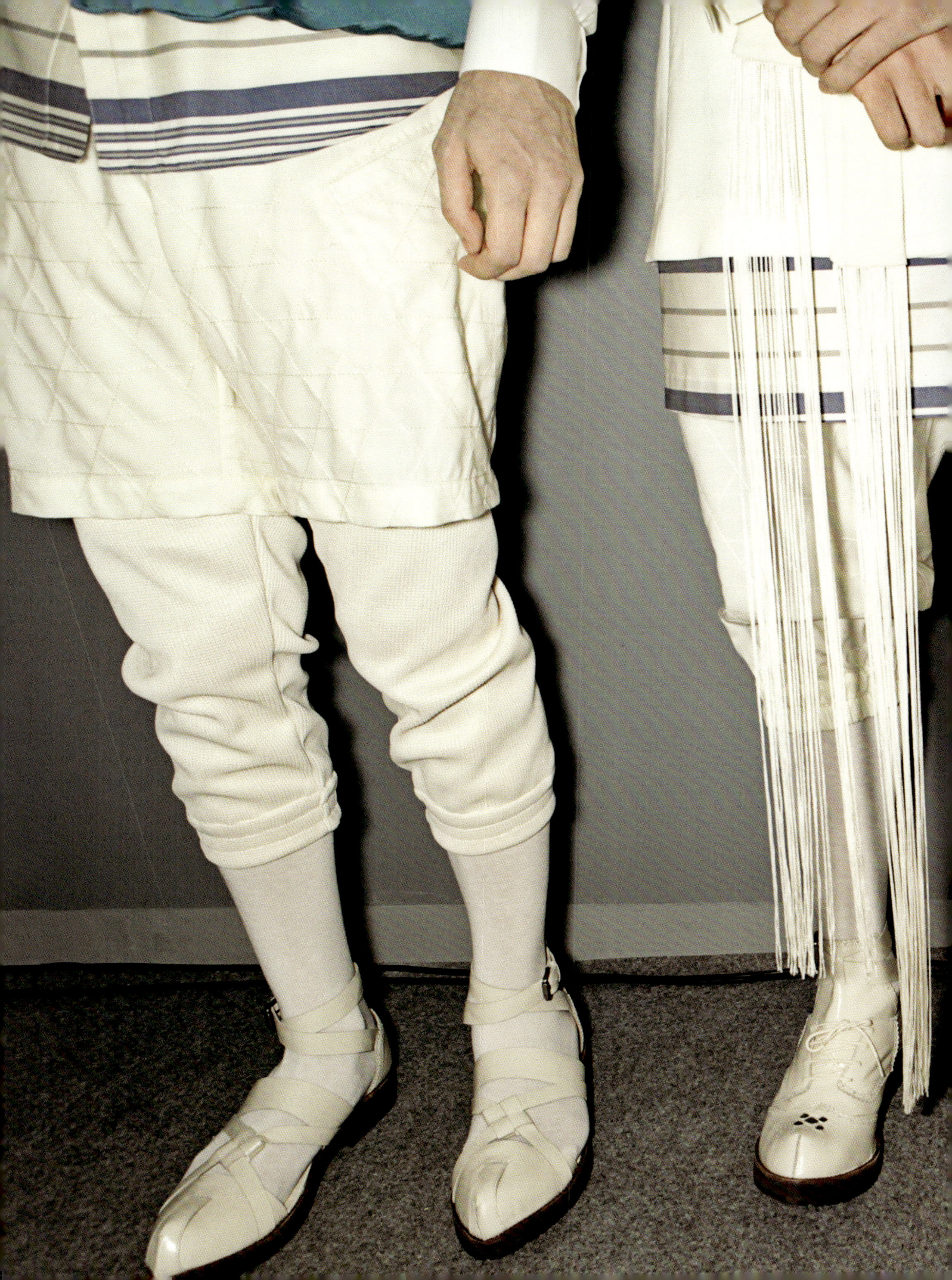

comprei da secretária do colégio onde estudei. Algumas camisas do Thierry Mugler que comprei no início dos anos 1990 e algumas peças da Comme des Garçons.

J.G. **Atualmente,** nas faculdades de moda, ser estilista é o principal foco dos alunos. Na sua opinião, qual o tipo de profissional de que o mercado mais precisa?

A.H. **Uma grande** parte dos alunos que se forma em moda no Brasil quer ser estilista. É um fato preocupante num momento em que a moda diminui no país. Há dois caminhos para os que escolheram essa cruel profissão: abrir a própria marca ou trabalhar para outra marca. Se tivesse que escolher, optaria pela segunda, num primeiro momento. Vale lembrar que existem dezenas de profissões no universo da moda. O tempo de estudante numa faculdade serve também para que o aluno perceba suas aptidões e opte por qual caminho seguir. A profissão de estilista é apenas uma opção, e ele não trabalha sozinho, mas depende de muitas outras pessoas.

O mercado precisa de todos e com o máximo de capacitação possível. O trabalho no mercado de moda exige atenção, disposição, humildade, entendimento do corpo e de "vestibilidade", noções de mercado, administração e finanças, entre outros aspectos mais específicos. Mas, sobretudo, é preciso ter paixão. Se não houver paixão por moda, melhor procurar outra profissão.

* P. 302 e 303 - Bastidores do desfile Inverno 2012 masculino.
* P. 305 - Desfile Inverno 2014.

A.H. **Michelli** Provensi com camiseta Bambi da linha Disney por Herchcovitch;Alexandre iniciada na coleção de Inverno 2003 e que se estendeu pelas três coleções seguintes. Bolsa em acrílico em forma de câmera fotográfica da coleção de Verão 2012/13 da marca Herchcovitch. Boné em tecido vintage da coleção Verão 2012/13. Todas estas peças fazem parte do meu acervo.

A.H. **Lembro** um amigo me dizendo que precisava conhecer uma nova modelo, Mariana Weickert, e que se eu tivesse uma irmã seria ela. De fato quando a conheci pensei que se eu fosse mulher seria parecido com ela. A camiseta que Mariana veste aqui leva a assinatura e saudações de amigos de escola quando completamos a oitava série do ginásio. Uma das únicas lembranças que guardei desta época. O brinco é peça única feita por mim para Japa Girl.

A.H. **Alícia** Kuczman veste camiseta e minissaia da coleção de Inverno 1994. A camiseta é de jersey stretch com falhas na estampa xadrez, a saia de tecido para cintas modeladoras tem o zíper frontal costurado na horizontal, peças do acervo da amiga Flavia Lafer. A bolsa em couro com o formato de morcego foi feita no final dos anos de 1980 para apresentar a Renato Kherlakian da Zoomp no intuito de possivelmente integrar a equipe de estilo da marca na ocasião. Isto não aconteceu. Alguns anos depois o mesmo Renato me contratou como diretor de criação da marca, sonho realizado.

Desfile Inverno 2011.

Desfile Verão 2010/11.

Lookbook Inverno 2011.

Desfile Inverno 2007.

Créditos Fotográficos

André Schiliró Capa, P. 234/235
Agência Fotosite P. 8/9, 10, 12/13, 15, 16, 17, 21, 22, 25, 32/33, 34/35, 36/37, 61, 62, 63, 65, 74, 75, 77, 94, 95, 138, 139, 140/141, 198, 199, 202, 231, 238, 253, 254, 255, 286, 287, 289, 295, 298, 299, 302/303, 312, 313
Alexandre Herchcovitch P. 14, 97, 108, 182, 183, 193
Bob Wolfenson 4ª Capa, P. 44/45, 46/47, 48/49, 56/57, 58/59, 82/83, 86/87, 92/93, 100/101, 126, 137, 156/157, 158/159, 160/161, 173, 178/179, 180/181, 190/191, 232/233, 246/247, 262/263, 264/265, 284/285, 306/307, 308/309, 310/311
Cláudia Guimarães P. 99, 270, 271
Daniel Klajmic P. 146, 147, 174, 175, 272
Debby Gram P. 79, 125, 150, 151
Fabio Bartelt P. 80/81, 234/235, 280/281, 283
Fernando Louza P. 116, 153, 165, 177, 261, 301
Flávio Colker P. 258/259
Folha de São Paulo P. 119, 185, 186, 187
Gui Paganini P. 269
Henrique Gendre P. 278/279
Ivson Miranda P. 314, 315
Mahiara Marjorie P. 41
Marcelo Korp P. 273, 277
Marcelo Krasilcic P. 28/29, 267
Márcia Fasoli P. 249, 251
Márcio Banfi P. 117, 189
Marcio Madeira P. 19, 20, 27, 30/31, 43, 51, 52, 53, 55, 84, 85, 88, 89, 91, 110, 111, 112, 113, 114, 115, 117, 132, 133, 134, 135, 136, 164, 192, 195, 196, 197, 201, 203, 204, 205, 207, 208, 209, 211, 219, 220, 222, 228, 236, 237, 239, 241, 242, 245, 256, 257, 290, 291, 292, 293, 294, 296, 297, 305, 316, 318
Miro P. 66, 67, 103, 104/105, 127, 152, 155, 166/167, 170, 171
Otávio Dias de Oliveira P. 229
Paschoal Rodriguez P. 130, 131, 266
Pedrita Junckes P. 130, 131, 266
Renato Lopes P. 69
Revista da Folha de São Paulo P. 120/121
Revista Vogue P. 99
Thomas Susemihl P. 189
W Magazine P. 109
Zee Nunes P. 148, 149
Zé Takahashi P. 68, 71, 72, 73, 143, 144, 145, 214, 226

Direção de Arte de Campanhas e Lookbook

Bernardo Benedito P. 80/81, 234/235, 280/281
João Rodolfo Queiroz P. 146/147, 267, 270, 271, 272, 273, 274/275, 277

FUNDO NACIONAL DA CULTURA LEI DE INCENTIVO À CULTURA Amni CROMUS SOLUÇÕES emana Arcos Dourados RHODIA SOLVAY GROUP ZELO Realização: Ministério da Cultura GOVERNO FEDERAL BRASIL PÁTRIA EDUCADORA

Desfile Herchcovitch Verão 2013/14.

Coordenação editorial
Charles Cosac, Alexandre Herchcovitch

Assistência editorial
Raquel Toledo

Pesquisa
Daniel Raad

Preparação
Maria Fernanda Alvares

Revisão
Cristina Yamazaki, Ana Cecília Agua de Melo

Direção de arte e design
Bernardo Benedito

Produção gráfica
Aline Valli

Nesta edição, respeitou-se o novo Acordo Ortográfico da Língua Portuguesa.

Dados Internacionais de Catalogação na Publicação (CIP)
Herchcovitch, Alexandre [1971-]
1:1 Alexandre Herchcovitch
Textos: Fernanda Young, Charles Cosac
São Paulo: 1ª ed., Cosac Naify, 2015
ISBN: 978-85-405-0837-8
1. História da Moda 2. Moda brasileira I. Título
CDD 391.009
Índices para catálogo sistemático: 1. História da moda 391.009

COSAC NAIFY
Rua General Jardim, 770, 2° andar, CEP 01223-010 São Paulo SP
cosacnaify.com.br | 11 3218 1444
atendimento ao professor: 11 3218 1473 | professor@cosacnaify.com.br

Fontes
ITC New Baskerville | Blair ITC

Papel
Couché Fosco 150 g/m²

Impressão
Ipsis

Coordenação editorial
Charles Cosac, Alexandre Herchcovitch

Assistência editorial
Raquel Toledo

Pesquisa
Daniel Raad

Preparação
Maria Fernanda Alvares

Revisão
Cristina Yamazaki, Ana Cecília Agua de Melo

Direção de arte e design
Bernardo Benedito

Produção gráfica
Aline Valli

Nesta edição, respeitou-se o novo Acordo Ortográfico da Língua Portuguesa.

Dados Internacionais de Catalogação na Publicação (CIP)
Herchcovitch, Alexandre [1971-]
1:1 Alexandre Herchcovitch
Textos: Fernanda Young, Charles Cosac
São Paulo: 1ª ed., Cosac Naify, 2015
ISBN: 978-85-405-0837-8
1. História da Moda 2. Moda brasileira 1. Título
CDD 391.009
Índices para catálogo sistemático: 1. História da moda 391.009

COSAC NAIFY
Rua General Jardim, 770, 2° andar, CEP 01223-010 São Paulo SP
cosacnaify.com.br | 11 3218 1444
atendimento ao professor: 11 3218 1473 | professor@cosacnaify.com.br

Fontes
ITC New Baskerville | Blair ITC

Papel
Couché Fosco 150 g/m²

Impressão
Ipsis